우리 아이를 위한
부의 사다리

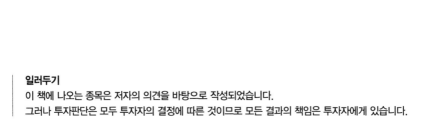

우리 아이를 위한
부의 사다리

이영빈(YBL) 지음

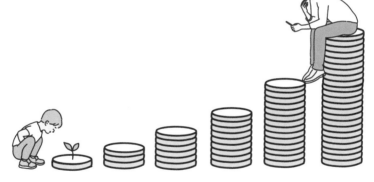

이레미디어

부자가 되는 길, 종잣돈이 아니라 이것이다

내가 강의를 하거나 유튜브 채널에 출연하면 많이 받는 질문 중 하나가 '종잣돈'에 관한 것이다. '종잣돈을 얼마나 모아야 하는가?' 혹은 '종잣돈이 적어도 1억 원은 필요하다는데 언제 모을 수 있을지 모르겠다.'와 같은 내용이 주를 이룬다. 이러한 질문의 이유는 아마도 다양한 매체와 여러 전문가를 통해 전해지는 종잣돈의 필요성을 초보 투자자들 역시 절감했기 때문일 것이다. 그러면 나는 종잣돈에 관해 그보다 더 구체적인 관점이 필요하다고 말씀드린다. 독자 여러분이 부자가 되려면 종잣돈의 크기가 아니라 투자 수익률과 투자 기간이 더 중요하다고 말이다. 이를 간단한 수학식으로 표현하면 다음과 같다.

$$\text{자산의 크기} = \text{종잣돈} \times (1 + \text{투자 수익률})^{\text{투자 기간}}$$

미래 내 '자산의 크기'는 종잣돈과 곱하기($\times$)의 관계를 갖는 데 비해, 투자 수익률이나 투자 기간과는 제곱($^\wedge$)의 관계를 갖는다. 수포자인 내 딸아이처럼 수학 공식만 봐도 멀미가 나는 분들이 많을 테니 간단한 예를 들어 보자.

아래의 표는 종잣돈이 1000만 원(0.1억 원)에서 5000만 원(0.5억 원)이고 각각의 수익률이 1~30%인 경우, 10년의 투자 성과를 비교한 것이다. 종잣돈 1000만 원인 사람이 연 30%의 수익을 올리면 10년 후 자산이 1억 3800만 원이 된다. 이 금액은 5000만 원으로 시작한 사람이 수익률이 10%를 냈을 때의 자산인 1억 3000만 원보다 더 큰 금액이다. 이를 통해 종잣돈의 크기가 아니라 수익률의 크기가 중요하다는 것을 알 수 있다.

단위: 원

구분	1%	3%	5%	7%	9%	10%	20%	30%
1000만 원	1100만	1300만	1600만	2000만	2400만	2600만	6200만	1억 3800만
2000만 원	2200만	2700만	3300만	3900만	4700만	5200만	1억 2400만	2억 7600만
3000만 원	3300만	4000만	4900만	5900만	7100만	7800만	1억 8600만	4억 1400만
4000만 원	4400만	5400만	6500만	7900만	9500만	1억 400만	2억 4800만	5억 5100만
5000만 원	5500만	6700만	8100만	9800만	1억 1800만	1억 3000만	3억 1000만	6억 8900만

다음 페이지의 표는 종잣돈이 1000만 원부터 5000만 원이고 수익률이 10%인 경우, 투자 기간이 1~30년으로 달라질 때의 투자 성과를 비교한 것이다. 종잣돈이 1000만 원인 사람이 연 10%의 수익으로 30년간 투자했다면 1억 7400만 원으로 불어난다. 이는 종잣돈 5000만 원인 사람이 10년간 투자한 결과인 1억 3000만 원보다 크며, 4000만

구분	1년	5년	10년	15년	20년	25년	30년
1000만 원	1100만	1600만	2600만	4200만	6700만	1억 800만	1억 7400만
2000만 원	2200만	3200만	5200만	8400만	1억 3500만	2억 1700만	3억 4900만
3000만 원	3300만	4800만	7800만	1억 2500만	2억 200만	3억 2500만	5억 2300만
4000만 원	4400만	6400만	1억 400만	1억 6700만	2억 6900만	4억 3300만	6억 9800만
5000만 원	5500만	8100만	1억 3000만	2억 900만	3억 3600만	5억 4200만	8억 7200만

원으로 시작한 사람이 15년간 투자한 결과인 1억 6700만 원보다 큰 금액이다. 종잣돈의 크기가 아니라 투자 기간이 더 중요하다는 것을 알 수 있다.

표의 데이터를 통해 부자가 되기 위해서는 무엇보다 투자 수익률과 투자 기간이 중요함을 알게 되었다. 그런데 문제는 대부분의 사람들이 투자 수익률에만 집중한다는 것이다. 고수익을 노리다보니 위험이 큰 투자 대상을 선택한다. 인생을 역전하는 방법이 높은 수익률이라고 생각하는 것이다. 그러다가 큰 위험을 겪게 되고 많은 손실을 입곤 한다.

예금 금리가 1%도 되지 않는 저금리의 시대다. 투자 수익을 높이기 위한 노력을 게을리하면 안 된다. 다만 투자에는 늘 위험이 따른다는 것을 기억해야 한다. 위험을 조절하고, 감당할 수 있는 범위 내에서 투자를 해야 한다.

저자는 '6040 전략', '올웨더 포트폴리오', '듀얼 모멘텀', '가속 듀얼 모멘텀' 등 다양한 자산 배분 전략을 소개한다. 저자가 전하는 다양한 자산 배분 전략들은 포트폴리오의 위험은 낮추면서 수익은 높일 수 있는 방법이다. 나 역시 두 권의 졸저 《마법의 돈 굴리기》와 《마법의 연금 굴리기》를 통해 자산 배분 투자에 대해 소개했다. 전문 번역가가 아님에도 윌리엄 번스타인의 《현명한 자산배분 투자자》를 번역해 내놓은 것도 같은 이유에서 였다.

세상에서 '가장 좋은' 투자 전략이란 건 없다. '최적'의 포트폴리오라거나 '최선'의 배분 비율 따위도 없다. 중요한 건 자신의 투자 철학에 부합하는 적절한 전략을 찾고 잘 실천하는 것이다. 또한 앞서 검토한 것처럼 투자 기간을 길게 가져가야 한다. 투자 기간을 늘리는 방법은 하나다. 일찍 시작하는 것이다. 나는 사회 초년생에게 일단 투자를 시작해 보라고 권한다. 단 100만 원으로도 투자를 시작할 수 있다. 소액으로 투자 근육을 키우고 금융 지식을 쌓아 나갈 것을 독려한다. 수익이 쌓여가는 잔고를 보면 소비를 줄일 수 있다. 소비가 줄어들면 투자금이 쌓이는 속도가 빨라진다. 잔고가 불어나는 속도에 가속도가 붙게 되는 것이다. 이것이 부자로 가는 길이다.

이 책은 저자 자신이 공부하고 익혔던 내용을 다른 이들과 공유하기 위해 썼다. 아이의 미래에 대한 고민부터 자신의 투자에 대한 고민까지 풀어나간 과정들을 상세하게 기록했다. 책을 읽으며 많이 공감했고 안타까운 부분도 많았다. 저자가 말하듯 투자 전략은 백테스트라는 과정을 통해 검증이 필요하며, 자산 배분 투자를 실천할 때는 리밸런싱을 해야 한다. 이를 위해 저자는 외국 사이트들을 활용했는데 국내에는 왜 이런 서비스가 없을까 하는 아쉬움이 들었다. 국내의 몇몇 회사에서도 이런 서비스를 준비 중이라고 한다. 투자자들을 위한 좋은 서비스가 더 많아졌으면 하는 마음이다.

좋은 책을 쓰느라 고생하신 저자에게 감사하다는 말씀을 드린다. 독자들 역시 이 책을 통해 또 다른 투자 방법에 대해 알게 되고, 멀고 험한 투자 여정에 도움을 받으시길 바란다.

김성일 | 《마법의 연금 굴리기》 저자, 데이터노우즈 이사

아이를 키우는 부모들의 고민은 한결같다. '대학 등록금을 어떻게 마련하지?', '결혼 자금은?', '집은?', '증여세는?' … 아이가 성인이 되었을 때 꼭 필요한 자금에 대한 고민은 부모들의 머리를 아프게 한다. 적은 돈으로 이러한 고민을 해결할 수 있는 방법이 있다. 세상에서 가장 쉬운 자산 배분 전략인 '6040전략', 어떤 경제 상황에도 대비할 수 있는 '올웨더 포트폴리오', 그리고 최악의 상황에서도 수익을 낼 수 있는 '한국형 가속 듀얼 모멘텀 전략'이 우리들의 고민을 해결해 줄 것이다. 빠를수록 좋다. 이 책과 함께 1년에 딱 10분만 투자하라. 아이들의 행복을 위해서!

염승환 | 이베스트투자증권 디지털사업부 이사

만약 불안한 자본주의 사회를 우리 아이가 살아가야 한다면 저 역시 같은 걱정거리로 매순간 고민을 거듭할 것입니다. 어떻게 해야 경제적으로 더 나은 삶을 아이에게 선물할 수 있을지를 말입니다. 그러나 무작정 시작하기에는 하나하나 준비할 것이 너무나 많습니다. 이 책이 말하는 전략 3가지는 아이의 미래를 단단하게 채비할 수 있도록 도와주는 좋은 내비게이션이 되어 줄 것입니다.

김동주(김단테) | 《절대수익 투자법칙》 저자, 이루다투자일임 대표

아이의 미래를 바꿀 재테크를 결심하다!

"둘째 대학 등록금을 어떻게 마련하지?"

모든 것은 여기서부터 시작되었다. 당시 초등학교 5학년인 둘째의 대학 등록금이 걱정되었다. 중학교 3학년인 첫째의 학비도 아니고 둘째의 등록금이, 갑자기 걱정되었다. 첫째는 아들이고 둘째는 귀여운 딸이라서 그런 생각이 든 건 아니다. 시간상으로 당장 필요한 것도 아닌데. 갑자기 마음이 조급해졌다. 40대 중반을 넘어선 월급쟁이 아빠로서 문득 이런 생각을 떠올리는 사람이 나 말고도 많으리라고 짐작한다. 가장의 책무 이런 거창한 말 때문이 아니더라도 마음 기저에 깔린 아이들 미래에 대한 근심이 나도 모르게 수면 위로 떠오를 때가 있다.

그날도 여느 날과 다르지 않은 날이었다. 생각이 꼬리를 물고 이어졌다.

일단 모아둔 약간의 돈을 어디에 투자하거나 예금으로 불려서 마련하는 방법을 모색했는데, 인터넷을 찾아보니 나처럼 아이들을 위해서 장기간 묻어 둘 투자 상품을 문의하는 아빠들이 많았다. 다들 마찬가지로 대학 등록금 같은 거금 마련을 위해 재테크를 고민하며 사는구나 싶었다.

나도 같은 마음으로 가만히 생각해 봤다. 뉴스에서는 '자율 주행', '5G', '4차 산업혁명' 같은 뉴스가 연신 쏟아져 나오고 있을 때였다. 미래 산업의 중심은 어디에서 시작되고, 어디에서 선도하고 있을까? 쉽게 떠올릴 수 있는 곳은 미국 실리콘 밸리였다. "아! 미국 나스닥시장에 돈을 묻어 두면 둘째 아이 대학 갈 때 등록금은 마련할 수 있겠구나!" 싶었다. 그리고 "환노출을 이용하면 혹시 모를 상황에도 대비하고 일석이조가 되겠군" 하는 기특한(?) 생각에 다다랐다. 나스닥지수에 투자하는 ETF를 매수해서 1년 반을 가지고 있었다. 잘 상승해 주었고 대학 등록금은 문제가 없겠다고 생각하고 있던 찰나 우리나라 주가가 곤두박질치기 시작했다. 나스닥지수도 떨어지기 시작하면서 어떻게 해야 할지 판단이 되지 않았다. 당시 글로벌 경기 지표 관련해서 이것저것 배우고 있던 터라 앞으로 상황이 안 좋아질 것이라 생각되어 매도했다.

당시에는 적절한 대응이었지만 원고를 집필하면서 다시 살펴보니 매도할 때보다 더 올랐다. "역시 투자는 무턱대고 남의 말만 듣거나 실전 경험 없이 종목을 선정해서 묻어 놓는다고 될 일이 아니다."라는 생각이 들었다. 그래서 투자에 관련된 책과 동영상을 찾아보고 실제 투자에 적용하며 경험을 쌓았다.

게리 안토나치의 《듀얼 모멘텀 투자전략》이라는 책을 읽으면서 추가로 듀얼 모멘텀 전략을 업그레이드한 가속 듀얼 모멘텀 전략을 알게 되었다.

연간 수익률(CAGR)/최대낙폭(MDD)을 10/10, 20/20으로 분산 투자하는 방법을 고민했다. 10/10은 올웨더 포트폴리오 전략이, 20/20은 가속 듀얼 모멘텀이 적합할 것이라는 판단이 섰다.

레이 달리오의 올웨더 포트폴리오는 자산시장의 4개 국면을 정의했고, 그에 대응하기 위한 자산군을 선정하고 위험을 균등하게 분할하는 전략이다. 합리적 전략이라는 것이 과거 실적으로도 확인되었다.

게리 안토나치의 듀얼 모멘텀 전략 중에서 글로벌 주식 모멘텀 전략(GEM)의 철학은 그대로 유지하고 약점만 업그레이드한 전략이 가속 듀얼 모멘텀 전략이다. 기본 철학은 유지하고 성과는 극대화했다는 점이 마음에 들었다. 매수, 매도해야 할 종목(ETF) 수가 적고 횟수도 연평균 4회를 넘지 않았다.

　가속 듀얼 모멘텀 전략의 종목을 실제로 어떻게 선정하여 사고팔까를 고민하던 중 '포트폴리오 비주얼라이저'라는 홈페이지에 전략을 등록해 놓고 매월 1일 한 번만 확인하면 되는 방법을 발견하게 되었다. 한참을 잘 쓰다가 유료화 서비스로 변경되어 아쉬웠는데 가속 듀얼 모멘텀을 만든 엔지니어드 포트폴리오 블로그에서 메일로 매달 선정된 종목을 보내 주는 서비스가 생겨서 이를 활용하고 있다.

　청년 실업 증가, 일자리 감소 같은 암울한 뉴스로 아이들 미래에 대한 걱정이 더욱 커져만 가던 차에 중국으로 주재원을 나갔던 선배가 귀국하여 저녁을 함께할 기회가 있었다. 오랜만에 만나 이런저런 사는 얘기를 주거니 받거니 하다가 자연스럽게 화두가 아이들 얘기로 넘어갔다.

　선배의 첫째 아이가 기회가 맞아서 외국인 학교로 진학했는데, 학비가 대학 등록금보다 더 든다고 했다. 둘째 아이는 시기가 맞지 않아 일반 학교를 보냈는데, 첫째 아이만큼 지원을 못 해 주었으니 나중에 작은 집이라도 마련해 줄 생각이라고 말했다.

　나는 이 대화에서 투자에 대한 관점을 전환하게 될 줄을 꿈에도 알지 못했다. 사실 부동산 구매나 그에 상응하는 거액을 아이들에게 마련해 주겠다는 생각까지 해본 적이 없었기 때문이다. 선배의 말을 들고 주변에 재건축 아파트나 땅을 증여받은 사람들이 떠올랐다. 시간의 의미가 다르게 다가오기 시작했다. 앞에 공부했던 전략과 시간, 그리고 증여를 하나의 주제로 정리할 필요가 있었다.

"적은 돈으로 시작해서 아이가 자라는 동안 차곡차곡 자산을 불려 증여해야겠다"는 것으로 요약되었다.

아이들 계좌에 적용할 투자 전략은 아무래도 아이들이 성장하는 시기를 활용할 수 있는 전략이 적합하다고 생각했다. 그러기 위해서는 전략이 가지고 있는 장단점을 파악하고, 과거 데이터를 확인해서 실적까지 꼼꼼히 봐야 한다. 그러나 아무리 장점이 많고 과거 실적이 좋은 전략이라고 해도 실행하기 어려우면 소용이 없었다. 그래서 나는 장점이 많고 과거 실적이 좋으며 실행하기 간단한 전략을 찾았다.

전략 중 하나는 이론적으로 미성년자 10년간 비과세 증여 가능 금액인 2000만 원을 30년간 굴리면 50억 원 이상이 된다. 또 다른 전략은 ETF 한 종목만 매수하고 30년간 아무것도 하지 않아도 매년 2~3퍼센트의 배당금이 발생하고 원금은 2억 6000만 원으로 불어난다.

월급쟁이 엄마·아빠들의 생활은 늘 빠듯하다. 30년 후에 2억 원이 되든 50억 원이 되든 거액을 증여할 수 있는 상황을 만들기란 쉽지 않다. 하지만 아이들이 성인이 될 때까지 그 시간을 활용하면 불가능한 이야기도 아니고 방법도 쉽다.

1년에 10분, 아니 시간을 쓰지 않아도 되는 전략이 있다. 나랑 비슷한 고민을 하는 월급쟁이 엄마·아빠들과 공유하고 같이 실천했으면 좋겠다는 생각에 이 책을 쓰게 되었다.

사랑으로 아이들을 키우고 증여할 자산도 함께 키우자.

고향에서 늘 응원해 주시는 부모님과 장인·장모님께 감사의 말씀을 전한다. 책 쓴다고 집안일에 소홀한 가장을 용서해 주고, 묵묵히 내조한 아내에게도 사랑의 말을 전하고 싶다. 무엇보다 무뚝뚝한 경상도 아빠로서 전하지 못한 사랑의 말을 이 지면을 빌려 아들 이승준, 딸 이유경에게 보낸다.

2021년 8월 YBL 이영빈.

CONTENTS

PART 1 / **재테크,
늦었다고 생각할 때 진짜 늦었다**

CHAPTER
1

당신의 아이를 부자로 키우고 싶다면?!

돈 걱정 없이 아이들을 키우고 싶은 것이 모든 부모의 마음이다. 하지만 어떻게 해야 할지 막막하기만 하다. 앞으로 아이들이 맞이할 세상은 지금보다 더 녹록치 않을 것이다. 투자를 통해서 목돈을 마련해 주고 싶지만 주위에는 많은 어려움이 도사리고 있다. 우리가 직면한 현실과 아이가 맞이할 미래, 투자를 어렵게 만드는 요인부터 확인해 보자.

PART

1

재테크,
늪었다고 생각할 때
진짜 늪었다

당신의 아이를

부자로 키우고 싶다면?!

아이를 가진 부모라면 누구나 같은 소망을 품을 것이다. 아이가 자라서 자기가 하고 싶은 일을 하면서 인생을 행복하게 사는 바람 말이다. 그러기 위해서는 경제적으로 기댈 수 있는 언덕이 뒷받침되어야 한다. 유산을 많이 물려주면 좋겠지만, 우리 모두가 이미 알고 있듯이 말처럼 쉽지 않다. 쉽지 않다고 해서 손 놓고 있을 수만도 없는 문제이다. 그러나 찬찬히 살펴보면 어려워도 불가능한 것은 아니며, 일찍부터 준비하면 누구나 할 수 있는 일이다.

아이를 위한 투자 방법을 고민하면서 수많은 자료를 살펴보았다. 아이들 종잣돈 마련, 용돈 관리에 대한 책에서도 실제 투자 전략을 발견하기는 어려웠다. 그래서 오랫동안 연구한 내 방법을 공유하기로 했다. 아이를 부자로 키우고 싶다면, 여기서 소개하는 실천 전략을 꾸준히 따라 하면 된다. 그러기 전에 부모와 아이 모두 경제와 금융에 관한 공부가 필요하다.

● 언제까지 금융문맹 부모로 살 것인가

나를 포함한 우리나라 대부분의 사람은 돈에 관해서 얘기하는 것을 부끄러워하거나 금기시하는 경향을 띤다. 동료나 선배들과 돈 이야기를 하다 보면 속물이 된 듯한 기분이 들 때도 있다. 굳이 조선 시대 유교까지 올라가지 않더라도 우리가 은연중에 돈에 관한 주제를 꺼린다는 것을 대화 몇 마디로도 충분히 느낄 수 있다. 경제 지식이나 상황에 대해 적극적으로 공유하고 활발하게 토론하는 사회 분위기였다면 이런 마음이 들지 않을 텐데, 그 점이 늘 아쉬웠다.

어떤 상황에서든 미래 현금 흐름에 대한 시름은 끝없이 이어진다. 사실, '돈'을 빼고 삶을 말하는 게 더 어렵지 않을까. 적게는 아이 학원비에서 대학 등록금, 결혼자금에 이르기까지 돈과 관련한 걱정을 멈출 수 없으니 말이다. 꺼리고 피한다고 그런 문제들이 사라지는 것이 아니기 때문에 적극적으로 공부하고 해결해 나가야 할 과제로 받아들이는 편이 낫다. 우리의 현실이 경제를 멀게 느끼더라도 말이다.

유대인들은 12~13세가 되면 성인식을 치른다. 성인식에 참석한 이들 모두가 주인공에게 축하금을 준다. 부모와 아이는 이 축하금을 종잣돈 삼아 어디에 투자할지 같이 고민한다. 어려서부터 자연스럽게 경제교육을 시작하는 것이다. 나중에 아이들이 성인이 되어 사회생활을 시작하거나 창업을 할 때 큰 버팀목으로 사용된다.

그러면 우리는 어떨까? '금융교육 부재 때문에 생기는 노인빈곤', '국민 금융이해도 낮다' 이러한 제목의 뉴스가 곧 현실을 대변한다. 여러 번 경제뉴스에서도 알려 주었듯이 우리나라 국민의 금융교육과 금융이해도는 경제협력개발기구OECD, Organization for Economic Cooperation and Development 회원국 평균보다 낮은 낙제 수준이다.

우리는 자본주의 사회에 살고 있으니 자본주의가 굴러가는 원리에 대해서 학습하고 활용해야 마땅하지만, 현실도 의지도 마음처럼 쉽지 않다. 정규 교육과정에 금융교육이 포함되어 국민의 금융이해도가 높아지길 기대해 본다. 그러나 마냥 그것만을 기다리고 있을 수 없기 때문에 경제와 금융시장에 관해 스스로 알아보고 이를 활용하여 내 아이의 미래와 우리의 노후를 준비해야 한다. 전前 미국 연방준비제도 이사회FRB, Federal Reserve Board of Governors 의장인 앨런 그린스펀Alan Greenspan은 금융문맹에 대해서 아래와 같은 얘기를 했다.

"문맹은 생활을 불편하게 하지만, 금융문맹은 생존을 불가능하게 만들기 때문에 문맹보다 더 무섭다."

– 앨런 그린스펀

금융문맹은 생존의 문제이며 없어서는 안 된다는 것이다. 나에게는 40대 중반을 넘기고서야 이 말이 좀 더 현실적으로 다가왔다. 비슷한 출발선에 있었던 회사 동료나 대학 동기들이 이제는 경제적인 면에서 많은 차이를 보인다는 것과 은퇴 후 제 2의 삶을 사는 선배들의 모습에서 특히 그랬다.

선배들은 같은 회사를 다녔지만 은퇴 후의 모습이 극과 극이었다. 평소 투자에 관심이 많았던 선배는 자녀 두 명을 대학원에 보내면서도 제주도에서 여유로운 생활을 하는 반면, 투자에 관심이 없었던 선배는 급여가 적더라도 재취업하는 경우가 대부분이었다. 50대 직장인을 반기는 회사를 찾기는 쉽지 않다. 뉴스에서는 편의점이나 카페, PC방, 치킨집 등은 이미 포화 상태로 창업해서 성공하기 어렵다는 이야기를 하지만 이것 또한 달리 방법이 없다. 준비 없이 마주한 상황에서 접근하기에 비교적 덜 까다로운 업종이기 때문이다.

모두 최선을 다해 성과를 냈고 크게 다르지 않은 삶을 사는 것처럼 보였는데, 어째서 은퇴 후의 삶에서는 차이가 나는 것인지 알아내야만 했다. 한참 그 이유를 생각하다가 한 가지 결론에 이르렀다. 답은 '투자'에 있었다. 은퇴 후 여유로운 생활을 즐기는 선배는 젊었을 때부터 투자에 관심을 가지고 공부하며 꾸준히 성과를 거두었다는 점이 달랐다.

0퍼센트대의 예금 금리가 이어지고 있다. 저축으로 자산 증식을 꿈꾸기에는 미래가 막막할 뿐이다. 2020년 기준으로 은행 전체 정기예금 중 0퍼센트대 금리 상품이 80퍼센트에 육박한다. 이 말은 인플레이션율이 1퍼센트를 넘어간다면 오히려 내 돈이 사라진다는 것을 의미한다.

금융 공부에 더 관심을 가져야 하는 이유는 '인플레이션*'과도 관련이 있다. 예를 들면 이렇다. 은행에 0.8퍼센트 예금 금리로 5,000원을 맡기면 1년 뒤에 받을 수 있는 돈은 5,040원이다. 그런데 1년 동안물가가 1퍼센트 상승하여(인플레이션) 작년에는 5,000원이던 계란 한판이 올해 5,050원이 되었다. 그러면 작년에 저축해 둔 돈을 가지고는 계란 한 판도 살 수 없다. 돈의 가치가 하락하고, 구매력이 떨어지는 것이다. 은행에 분명 돈을 저축했지만 인플레이션의 영향으로 자신 증가의 효과를 보지 못한다. 정말 황당한 일이 아닐 수 없다.

예금 금리가 인플레이션 증가율보다 높지 않다면 투자를 통해서

● **인플레이션**Inflation : 통화량이 증가하여 화폐 가치가 하락하고 상품의 가격이 오르는 현상.

수익을 얻고 자산을 늘리는 방법밖에 없다. 투자를 통해 인플레이션을 극복해야 한다. 즉 금융 공부를 하고, 이를 바탕으로 투자를 해서 인플레이션보다 높은 수익을 얻는 방법으로 자산을 늘려야 한다. 안전하다고 믿으며 은행에 고스란히 저축하면 내 돈은 사라지고 마는 시대이다. 세상에서 가장 안전했던 곳이 가장 위험한 곳이 된다. 여유로운 은퇴생활이 목적이든, 자산을 증식하기 위해서든 금융 공부는 필수이다.

그러나 금융 관련 공부를 위해 그럴듯한 학교에 다시 들어가 경제학이나 경영학 수업을 시작해야 하는 것은 아니다. 지금부터라도 관심을 가지고 경제 뉴스 기사를 읽으며 어려운 단어를 찾아보는 등 조금씩 늘려나가면 된다.

언제까지 금융문맹으로만 살 것인가? 우리의 삶, 우리 아이들에게 가난을 물려줄 것인가. 이제 생존의 문제이다.

☑️ 금융문맹 탈출하기!

1. 경제 신문 구독하기

　디지털 시대로 전환됨에 따라 종이 신문을 읽는 사람이 매우 적어진 것은 사실이지만, 금융에 관심이 많은 사람들은 아직도 종이 신문을 선호한다. 중요한 내용을 스크랩하고 내용을 되뇌거나 주제에 대한 나의 생각을 적어 보는 등 적극적으로 활용하기에는 이만한 것이 없기 때문이다.

　우리나라는 수출이 내수 경제에 많은 영향을 주기 때문에 글로벌 경제 상황에도 민감하게 반응해야 한다. 현재는 미국 금융시장이 전 세계 시장을 좌우한다고 해도 과언이 아니므로, 특히 미국의 경제 상황을 같이 살펴보는 것이 매우 중요하다.

　경제 신문은 국내 경제뿐만 아니라 미국을 포함한 세계 경제 상황을 한눈에 아우를 수 있다는 장점이 있다. 글로벌 경기가 좋으면 전체 소비가 증가한다. 우리나라의 제조업체도 그에 맞추어 생산을 늘리고 그로 인해 국내에서도 소비가 늘어나서 상품을 수입하는 소비국보다도 내수 경기가 더 좋아지는 선순환이 일어난다. 반대로 글로벌 경기가 나쁘면 전체 소비가 감소하므로 정반대의 결과로 이어진다. 개인이 집을 사거나 차를 구매하고 또는 기업이 설비투자를 하거나 일자리를 늘리는 것 등의 실물 경제와 금융시장은 깊은 관련이 있다. 따라서 실생활에서 금융에 대한 관심을 높이는 것이 무엇보다 필요하다.

2. 동영상 콘텐츠 활용하기

　과거와 달리 유튜브 등 우리가 손쉽게 접할 수 있는 교육 자료가 많아졌다. 경제·경영 분야 유튜버의 활동 또한 활발해서 양질의 정보를 많이 얻을 수 있다. 각 증권사가 개설한 유튜브 채널에서는 주식시장이나 자산시장, 더 나아가 기업의 재무제표 분석 방법까지 다양한 정보를 제공한다. 시간은 부족하고 자료는 넘쳐나는 세상이다. 있는 대로 전부 보려 하기보다는 필요한 정보만 선별하여 취할 수 있어야 한다. 쓸 수 있는 시간은 한정적이기 때문이다.

특히 한국은행에서 대학생과 일반인을 대상으로 운영하는 경제교육 강좌를 추천하고 싶다. 우리나라 물가, 통화, 금융 및 경제 동향에 대해 공신력 있는 기관으로부터 유용한 지식을 배울 수 있어서다.

한국은행 > 경제교육 > 교육신청 > 프로그램안내 > 한은금요강좌

에서 VOD_{Video on Demand}를 시청할 수 있다.

그 외에도 관련 서적을 읽거나 위의 강좌에서 언급된 내용 중 추가로 설명이 필요하거나 궁금한 것을 검색하는 것도 도움이 된다. 이제 막 관심을 갖기 시작하는 사람들도 흥미를 가지고 살펴볼 수 있는 콘텐츠가 정말 많아졌다. 이를 적극적으로 활용해 보자.

3. 증권사 매크로[*] 보고서 읽기

증권사에서는 기업의 경영활동과 관련된 내용뿐만 아니라 산업, 시장, 파생상품 등에 대해서도 다양하게 보고서를 작성한다. 이러한 보고서는 경제 흐름을 파악하는 데 효과적이다. 증권사별로 방문해서 확인하는 방법도 좋지만 한경컨센서스_{consensus.hankyung.com}에서는 보고서를 한꺼번에 볼 수 있도록 꾸려 놓았다. '경제 REPORT' 카테고리에 매크로에 대한 내용이 있으니 참고하면 좋다.

● **매크로 투자 전략**: 전 세계 국가의 통화, 자산, 상품 등의 변화를 조사하여 투자에 활용하는 것이다. 거시적 경제 분석에 해당한다.

앞서 언급한 방법이 금융문맹에서 벗어나게 할 무기의 전부는 아니다. 경제 관련 블로그에 방문하여 사회 현상에 대한 다양한 의견을 찾는 것도 하나의 방법이 될 수 있다. 관련 지식을 어떻게 해서든 꾸준히 접하고, 배움을 이어나가려는 의지가 중요하다.

가벼운 마음으로 일단 시작해 보는 것은 어떨까? 꾸준히 쌓아 나간다면 머지않아 금융문맹에서 탈출할 수 있다.

● 내 아이는 월급쟁이가 아니었으면 좋겠다!

'열심히 공부해서 좋은 대학교도 가고, 좋은 직장에 취직도 하고, 결혼해서 행복하게 살아라.'

내 또래라면 어린 시절 한번씩은 다 듣고 자랐던 흔한 이야기가 아닐까. 의심할 나위가 없었다. IMF 위기가 오기 전까지는 말이다.

국제통화기금IMF, International Monetary Fund은 전 세계적인 범위의 통화협력과 통화안정을 위하여 만들어진 국제금융기관이다. 1997년 태국을 비롯한 동남아시아에서 시작된 외환위기를 우리나라 역시 피해갈 수 없었고, 이에 정부는 IMF에 자금 지원을 요청했다.

평생직장이란 개념이 사라지며 비정규직이 양산되는 현실의 시작이었다. 상시 구조조정 형태로 노동 환경이 크게 불안정해졌다. 뜻을 펼칠 수 있는 기회는 줄어들고 어렵게 얻은 직업은 언제 사라질지 모르는 현실을 마주해야 했다. 그로부터 이십여 년이 훌쩍 넘는 시간이 흘렀다. 우리는 어떤 세상에 살고 있을까?

통계청에서 조사한 결과에 따르면, 2020년 기준으로 혼자 사는 직장인 1/3의 월수입은 200만 원이 되지 않는다고 한다. 월급쟁이의 각박한 현실을 적나라하게 나타내는 숫자임이 분명하다. 높아져만 가는 물가에 비해 한없이 적은 수입은 삶을 불안정하게 만든다. 불안감을 잠재우기 위해 끊임없이 노력한다. 직장생활에서 얻을 수 있는 최대 결과물은 승진하여 월급을 올리는 것이다. 누구나 원하는 여유로운 생활을 위해서는 조직에 기여해야 한다. 하지만 어디가 끝인지 모를 무한경쟁으로 자신을 내몰아야 하니 말처럼 쉽지가 않다.

내가 몸담고 있던 대기업에는 약 100명에 1명 정도 비율로 임원이 있었다. 간단하게 계산하면 1퍼센트의 확률처럼 보인다. 그러나 부장 진급 대상자에 포함되어 그중 30퍼센트 내외에서 승진이 된다고 가정하면 확률은 1퍼센트보다 훨씬 낮아진다. 임원이 되면 급여가 많이 상승하기 때문에 노후준비나 자산 증식에 큰 도움이 될 것이다. 가계에 도움이 되는 것은 사실이지만, 은퇴 후의 생활까지 보장해 주지는 못한다.

열심히 일해도 소용없다거나 성과를 내지 않아도 된다는 이야기가 아니다. 기업 임원이 되어 내 자산을 불리는 데 보탬이 된다면 정말 좋겠지만 실현될 가능성은 무척 낮다. 투자를 통해서 자산을 늘리는 것이 부자로 은퇴할 확률을 높이는 길이다. 하루하루 필요한 지식을 쌓고 자산을 늘려 나가려는 결심을 소홀히 하지 않아야 한다는 말을 하고 싶다.

안타깝게도 사람은 평생토록 일만 하면서 살 수 없다. 그걸 원하는 사람도 없을 것이다. 의학이 발전하고 기술이 발달하면서 100세 시대라는 말도 이제는 새삼스럽게 느껴지지 않는다. 2020년 기준으로 기대 수명은 82.8세인데, 10년 전의 평균인 80.2세보다 2.6년 증가했다.

한편, 직장인 예상 퇴직 연령은 2020년 기준으로 평균 49.7세라고 한다. '삼팔선(38세 퇴직)'이니 '사오정(45세 퇴직)'이니 하는 말이 인터넷 상의 농담이 아닌 현실이다. 월급쟁이로 산 지도 어느덧 20년이 넘었다. 길다면 긴 시간 속에서 같이 근무했던 동료 중에 정년퇴직을 했던 분이 다섯 손가락 안에 꼽힌다. 정년이 만 55세였음에도 불구하고 말이다. 이것이 정말 우리의 현재라면 퇴직 이후의 삶을 어떻게 해야 할까? 50세에 가까워질수록 안정적인 수입은 기대하기 어렵고 앞으로 30년은 더 살아야 한다.

- 어려운 취업 문턱
- 회사 안 힘겨운 승진 경쟁
- 빠른 은퇴
- 길어진 수명
- 준비되지 않은 노후

머지않아 생활 전선에 나서게 될 우리 아이들의 미래 역시 지금보다 나을 것 같지는 않다.

목도한 현실을 파악하고 받아들여 대책을 세워야 한다. 좀 더 나은 생활을 해 나가기 위한 경제 공부와 그 실천이 몹시 절실한 때이다.

● 사람의 노동, 돈의 노동

자본주의의 3대 생산요소는 '토지', '노동', '자본'이다. 세 가지 요소 중 노동과 자본은 실생활과 특히 더 직접적으로 연관된다. 사람은 생존에 필요한 갖가지를 마련하기 위해 열심히 일한다. 그 대가로 회사에서는 월급을 준다. 하지만 노동으로 얻는 수익에는 사람이기 때문에 부딪히는 어쩔 수 없는 한계가 존재한다. 기계처럼 24시간 돌릴 수 없고 나이가 들어 쇠약해지면 하고 싶어도 할 수 없다.

IT버블(2001년)과 미국의 서브프라임 모기지 사태(2008년) 같은 금융위기가 발생하면 자리 밖으로 밀려 나는 직장인은 훨씬 더 많아진다. 비단 40~50대 직장인에 해당되는 이야기만도 아니다.

코로나19로 청년 실업률은 역대 최고로 치솟았다. 청년 실업률 상승은 어제 오늘의 얘기가 아니지만 취업이 더 어려워진 것만은 사실이다. 소비 경제도 위축되면서 대기업은 공채 제도를 폐지하겠다고 나섰다. 노동으로 돈을 벌기 위한 시작은 점점 늦어지고 은퇴 나이는 점점 빨라지는 이중고를 겪고 있다. 이것이 청년들의 현실이다.

그러나 자본이 만들어 내는 수익은 24시간, 365일 운용되고 나이에 영향을 받지 않는다. 수익 자본은 은행에 맡긴 뒤 받는 이자가 될 수 있고 건물이나 상가를 매입해서 월세를 받는 것도 해당한다. 주식에 투자를 해서 주가가 오르거나 배당을 받는 것도 마찬가지다.

수익 자본의 중요성을 일깨우는 유명한 '파이프라인' 우화를 먼저 보자.

옛날 작은 마을에 젊은 친구 둘이 있었다. 어느 날 그들에게 마을 이장이 와서는 반대편 산 위의 물을 길어 마을 물탱크에 채우는 일을 의뢰했다. 물을 길어온 만큼 돈을 받았기 때문에 둘은 열심히 일했다. 그중 한 친구는 물통을 좀 더 쉽게 나르기 위해 파이프라인을 계획했다. 그렇게 하면 힘들게 물통을 지고 나르지 않아도 물을 채울 수 있다는 생각에서였다. 그래서 다른 친구에게 같이 만들자고 제안했지만 그 친구는 제안을 거절했다. 당장 이익을 얻지 못했기 때문이다. 결국 혼자 만들기로 결정하고 평소와 같이 물을 긷고 남는 시간에는 파이프라인을 만들었다. 마을 사람들은 그의 노력을 비웃기만 했다. 시간이 흘러 파이프라인이 구축되었을 때 훨씬 더 쉽고 편하게 물을 얻을 수 있었던 한 친구와 달리 당장의 수익만을 바랐던 다른 친구는 나이가 들고 체력이 쇠함에 따라 할 수 있는 일의 양도 줄어 생활이 점점 어려워지고 말았다.

이 우화에서 시사하는 바는 먼저 노동으로 일정한 캐시플로Cash Flow, 현금흐름를 일으키고 그걸 기반으로 투자(파이프라인 만들기)하여 결국에는 직접적인 노동력을 들이지 않아도 캐시플로를 일으킬 수 있는 시스템을 만들어야 한다는 것이다.

최근에는 여러 개의 파이프라인을 구축하는 것이 유행이다. 본인만의 재능을 콘텐츠화 하여 수익을 창출하는 것도 이에 포함된다. 유튜브가 폭발적으로 성장했고 이를 이용한 콘텐츠 수입도 하나의 예가 될 수 있다.

내가 사장님이라고 부르는 후배가 있다. 건물만 4개를 갖고 있는 직장인이다. 처음에는 1억 원을 투자해서 전세 비율이 많았던 원룸 건물을 매수했고, 월급으로 돈을 모아 한 칸 한 칸을 전세에서 월세로 바꾸었다. 그 시간이 10년이 훌쩍 넘다 보니 지금은 건물이 4개나 된 것이다. 직장에서 받는 월급의 5배 이상의 돈이 건물에서 나온다. 그는 현재도 직장생활을 열심히 하고 있다. 이것도 파이프라인을 잘 구축한 예라고 할 수 있다.

그러나 나의 시간과 맞바꾸는 것이라면 진정한 의미의 파이프라인 구축이나 자본에 의한 소득이라고 보기 어렵다. 내가 아닌 돈이 일하도록 만들어야 한다. 노동이 가능한 시간에는 노동에 의한 수익을 자본으로 이동시키고, 이동한 자본이 스스로 늘어나는 시스템을 구축해야 한다. 빨리 준비하면 할수록 좋다. 왜냐하면 복리의 효과까지 누려야 하기 때문이다. .

자본이 스스로 일하는 시스템을 우리 아이에게 만들어 주는 것을 우리의 최종 목표로 삼아야 한다.

국·영·수보다 금융교육부터

요즘 어린 자녀를 둔 부모 중에는 자녀의 세뱃돈이나 용돈을 모아 해외 주식에 한 주씩 투자하는 사람들이 많다. 적은 돈이라도 아껴서 지금의 FAANG® 기업에 비견할 만한 기업들에 투자한다면 나중에 아이들이 자랐을 때 목돈이 될 것이라고 기대하는 것이다.

만약 부모가 많은 돈을 유산으로 남기거나 어릴 때 증여한 돈이나 세뱃돈을 투자해서 그 금액이 커졌다고 해도 자녀가 자라서 그 돈을 지속적으로 불리고 관리할 수 있는 능력이 없다면 경제적 지원이 의미가 없다. 부모의 금융교육뿐만 아니라 아이의 금융교육이 무엇보다 중요하다.

로또에 당첨되고서 그 많은 돈을 탕진하고 오히려 로또 당첨 전보다 더 나쁜 삶을 살거나 불행한 결말을 맞는 이야기가 종종 들려온다. 낙첨자 입장에서는 저 많은 돈을 어떻게 저렇게 허무하게 쓰고 범죄까지 저지를 수 있을까 생각하곤 한다. 이런 경우 우리는 그 사람이 많은 돈을 담을 그릇이 안 되어서 그래라고 말한다.

그렇다면 '돈을 담을 그릇'이란 무엇을 말하는 것일까? 나는 올바른 금융교육을 받아서 나무랄 곳 없이 자산을 운용할 수 있는 능력이 아닐까 생각한다. 금융 지식과 자산 운용에 대한 이해와 준비가 되어 있었다면 복권 당첨자에게도 비극적인 결말은 없었을 것이다. 돈을

● **FAANG 기업**: 미국 IT 산업의 대표 기업을 나타내는 것으로 페이스북Facebook, 아마존Amazon, 애플Apple, 넷플릭스Netflix, 구글Google의 첫 글자를 모은 것이다.

쓸 때뿐만 아니라 금융상품에 가입할 때나 투자를 권유받았을 때도 마찬가지이다. 전부를 의심할 필요는 없지만 상세하게 확인할 필요는 있다. 기본적으로 투자로 인한 인센티브가 어디로 흘러가는지, 투자에 관련된 정보가 맞는지 확인하는 것만으로도 큰 위험을 피할 수 있기 때문이다.

만약 내가 돈을 많이 벌어서 자녀에게 재산을 물려줬다고 해도 자녀가 그 돈을 운용할 능력이 되지 않으면, 오히려 주지 않은 것보다 못한 결과를 낳을 수도 있다. 부모가 금융교육을 제대로 받지 못해서 겪었던 여러 가지 어려움들을 자녀가 다시 겪지 않도록 하려면 어려서부터 하는 금융교육이 무엇보다 중요하다.

부모인 나도 금융교육을 받지 못했는데, 어떻게 우리 아이에게 금융교육을 할까 싶기도 하겠지만 이미 우리는 가장 기본적인 교육법을 알고 있다. 아이에게 금융교육을 시작할 때 가장 우선해야 할 것은 '절약'이다. 매달 생기는 일정량의 돈을 효율적으로 사용하는 습관을 만들어야 한다. 그래야 목돈도 만들 수 있다. 부동산투자를 하려면 종잣돈이 필요하고 주식투자에도 시드 머니가 필요하기 때문이다.

투자로 수익금을 키워 나가는 것은 중요하다. 너무 당연한 말이라 실망했을지도 모르겠다. 그러나 기본적인 것도 지키지 않고 요행을 바라는 사람들을 많이 보았다. 절약했을 때와 하지 않았을 때, 자산이 불어나는 속도는 실로 어마어마한 차이를 만든다.

앞서 얘기한 4채의 건물을 가진 후배의 말에서 나의 주장이 틀리지 않았음을 확신했다. 건물에서 나오는 월세만 해도 대기업 임원 급여보다 많을 것 같아 재테크 방법을 물어본 적이 있었다. 그때 후배는 이런 말을 해 주었다.

"선배님, 처음 건물을 샀을 때 돈이 많이 들지 않았습니다. 모두 전세로 되어 있었기 때문인데요. 전세를 월세로 바꾸려니 많은 돈이 필요했습니다. 월급을 아끼고 아끼는 수밖에 없었습니다. 처음 한 칸 바꿀 때는 시간이 오래 걸렸는데, 시간이 갈수록 월세와 매달 제 월급에서 아껴서 모은 돈이 합해지니 속도에서 전보다 눈에 띄게 차이가 나더라고요."

주식투자도 후배가 했던 방법과 다르지 않다. 복리의 특성을 갖는 주식투자에 더 긍정적으로 작용한다. 투자로 얻는 수익과 절약하며 추가로 납입한 금액이 더해져 그에 대한 총 수익이 발생하기 때문이다. 자산의 규모를 키우려면 종잣돈 마련이 필수이고, 종잣돈 마련의 가속화를 위해서는 절약이 필수이다. 이러한 이유로 아이 금융교육에 가장 강조해야 할 것은 절약이다. 아이와 함께 더 필요한 것과 덜 필요한 것을 결정하는 연습부터 시작하는 것은 어떨까. 지금 집안을 둘러보면 쓰지 않고 쌓여 있는 물건들이 많이 있을 것이다. 이런 것들을 줄여나가는 것부터 시작하면 된다.

몇 년 전 지인 한 분이 워런 버핏Warren Buffett을 추종하는 국내 가치투자자들과 함께 버크셔 해서웨이Berkshire Hathaway Inc. 주주총회에 참석한다고 하셨다. 얘기를 듣고 관련 정보를 찾아보았더니 아이와 함께 주주총회에 참여하고 나서 워런 버핏의 집과 회사 근처에서 사진을

찍은 사람도 있었다. 이런 경험은 아이 금융교육에 있어 큰 사건이 될 것이다. 반드시 큰 행사일 필요는 없다. 아이를 위해 투자한 회사의 제품을 같이 사용하고 대화를 하는 것만으로도 좋은 공부가 될 수 있다. 제품의 장단점이 무엇인지, 어떤 점 때문에 사람들이 많이 사용할 수 있을 것 같은지 등을 얘기한다면 가능성을 가진 투자처를 선별하는 자연스러운 학습이 될 것이다.

중학생 자녀를 둔 다른 지인은 아이에게 생일에 주식계좌를 선물할 테니 종목을 고르라고 했다. 그랬더니 스스로 재무제표를 찾아보며 공부하고 종목을 선택하더라는 얘기를 해 주었다. 10대인 아이가 또래에게 인기가 많은 의류 브랜드 종목을 추천하며 직접 매장에 가서 판매 현황을 같이 확인하고 투자도 함께 한다고 한다. 이런 체험들이야 말로 자녀와 함께 할 수 있는 살아 있는 금융교육이 아닐까 싶다.

이 책에서는 아이들을 위한 자산 배분 전략을 얘기할 텐데 투자한 자산군은 시간이 지남에 따라서 성과가 달라진다. 왜 이런 변화들이 생기는지 아이와 고민하고 공부한다면 이 또한 좋은 금융 공부가 될 것이다. 부모가 뭔가 대단한 금융 지식을 아이에게 전달해야 한다는 부담을 느끼기보다는 조금씩 공부하고 같이 쌓아 나간다는 생각으로 접근하는 것이 좋겠다.

내가 하는 투자, 남이 하는 투기

'내로남불'이란 말이 있다. '내가 하면 로맨스, 남이 하면 불륜'이란 뜻이다. 본인 입장에서만 판단하는 것을 두고 이렇게 표현한다. 투자에서도 비슷하게 생각하는 사람들이 많다. '내가 하면 투자, 남이 하면 투기'라는 것이다. 벤저민 그레이엄Benjamin Graham은 그의 저서에서 '빈틈없는 분석으로 원금을 보호하고 수익을 책임질 수 있어야 진정한 투자'라고 밝혔다. 같은 종목을 투자하더라도 묻지도 따지지도 않고 매수·매도를 하는 것은 투기이고, 꼼꼼한 검토 아래 안전 마진을 확보한 상태에서 매수·매도를 하는 것은 투자라는 것이다. 존 메이너드 케인스John Maynard Keynes는 '투자자는 특정 자산의 미래 수익에 대한 전망을 바탕으로 자산을 매수하는 사람이고, 투기자는 시장에 참여하는 사람들의 심리 변화를 예측해 매수하는 사람이다'라고 말했다. 우리가 대가의 말에서 배워야 하는 것은 "남들 산다고 따라 사지 말고, 철저하게 대상을 분석하여 투자하라"는 원칙이다.

투기가 가져오는 광기와 광기가 붕괴되면서 어떤 일이 일어나는지 살펴볼 수 있는 예가 있다. 그림 1-1의 장폴 로드리게Jean-Paul Rodrigue 모델*이다. 국내에는 하이먼 민스키Hyman Philip Minsky 모델로 잘못 알려져 있기도 하다. 많은 사람들이 상승하는 그래프만 보고 재고 따지지 않은 채로 무작정 시장에 참여한다. 결과는 예상하였듯 붕괴로 끝나

● **장폴 로드리게 모델**: 미국 월스트리트에서 사용하는 거품 붕괴 모형이다. 고수익을 노린 모험적 투자가 유행하면서 자산가치가 급등했다가 점점 감당할 수 없는 수준으로 확대되면서 공황이 일어난다고 주장한다.

그림 1-1 | 장폴 로드리게 모형

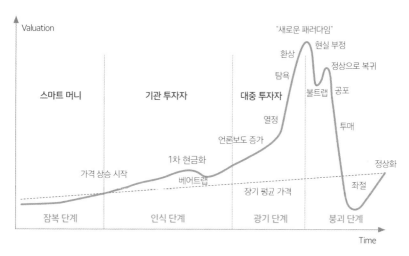

그림 번역 출처: 김성일, 《마법의 돈 굴리기》(서울: 에이지21, 2017).

그림 1-2 | 비트코인BTC/USD 가격

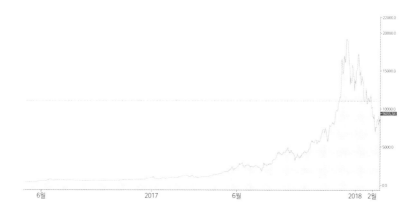

고 만다.

우리는 이와 같은 일을 똑같이 겪었다. 바로 비트코인 시장에서였다. 그림 1-2는 비트코인 가격을 나타내는데, 그림 1-1의 장폴 로드리게 모델과 너무나도 닮아 있음을 확인할 수 있다. 주위 성공담만 듣고 뒤늦게 뛰어든 이들은 뼈아픈 실패를 맛봐야만 했다.

월급만으로는 도저히 살 수 없는 터무니없이 비싼 집값과 절약만으로는 절대로 부자가 될 수 없다는 공포감이 비트코인 투자에 몰리도록 거들었을 것이다. 단기간에 이익을 보려는 광기는 인간의 투기심리를 자극한다. 그리고 이 메커니즘은 끝없이 반복된다. 자산의 미래에 대해서 예측할 수 있고 투자 리스크에 대한 부담을 내가 감내할만한 수준 안에서 하는 것이 투자다. 투기는 투자가 될 수 없다.

연 3퍼센트의 정기예금 상품에 투자하는 사람을 투기꾼이라고 말하지는 않는다. 그러나 1년에 10배, 100배 오르는 상품에 대한 투자는 투기라 말할 수 있다. 단기간에 일어나는 대박은 결코 진정한 투자가 될 수 없다. 로또 1등의 당첨 확률은 814만5060분의 1이라고 한다. 조급함에 달려든 투자가 성공하기란 로또보다 어렵다. 우리 아이도 금융에 관한 공부가 되어 있지 않다면 투기에 몰리게 되고 자산을 지키는 데 실패할지 모른다. 조급함을 버리고 시간을 활용하여 복리효과를 누리는 현명한 투자자로 성장할 수 있도록 부모의 안내가 절실하다.

● 하루 5,000원의 가치

아이가 자라서 경제적으로 어려움 없이 생활하기를 바라는 게 부모 마음이다. 여력이 된다면 금전적으로 도움을 주고 싶은 마음도 굴뚝같을 것이다. 성년이 된 아이가 대학에 다닐 수 있도록 지원하거나 대학 밖에서 자신의 뜻을 펼칠 수 있도록 도와주려면 역시나 돈이 필요하다. 그러나 나 또한 마음만 앞설 뿐 큰돈을 턱턱 내어줄 만큼 부자가 아니다. 어떻게 해야 할까?

아이가 성장하는 시기를 이용하여 자산도 같이 키워야 한다. 지금부터라도 적은 금액을 투자하여 아이가 성년이 될 때까지의 시간을 활용해서 자산을 불린다는 의미이다. 이런 얘기를 하면 후배들은 투자할 돈 만들기도 어렵다고 말한다. 알고 있다. 빤한 월급쟁이 소득에, 집 대출 원리금 상환에, 아이 학원비 등 들어갈 돈이 늘면 늘었지, 줄어들지는 않기 때문이다. 그러나 어쩔 수 없다. 아이를 위해서는 반드시 아이가 어릴 때부터 투자를 시작해야 한다. 나중에 부랴부랴 목돈을 마련하는 것보다는 백 배, 천 배 나은 방법이기 때문이다.

그렇다면 지금부터라도 많은 돈을 모아 나가야 할까? 그렇지 않다. 나는 하루 5,000원이면 충분히 투자가 가능할 뿐 아니라 미래의 결과 또한 드라마틱할 것이라 주장한다. 5,000원이면 담배 한 갑 내지는 커피전문점 커피 한 잔 정도의 금액이다. 우리 아이들을 위해서 충분히 모을 수 있는 금액이 아닐까 싶다. 건강을 위해서 금연을 하고 5,000원씩 투자한다면 더 좋다. 건강도 좋아지고 아이를 위한 투자도 할 수 있기 때문이다. 이 책에서는 하루 5,000원을 활용하여 어떤 투자 방식으로 자산을 늘릴 것인가에 대해 알아본다. 그 전에 하루 5,000원의 가치에 대해서 먼저 따져볼 필요가 있다.

하루 5,000원 모으기!

1일 = 5,000원

1주일 = 3만 5,000원

한 달 = 15만 원

1년 = 182만 5,000원

10년 = 1825만 원

하루 5,000원을 연 9%의 수익률로 운용한다면?!

1년 = 189만 원

5년 = 1140만 원

10년 = 2924만 원

20년 = 1억 93만 원

30년 = 2억 7667만 원

하루 5,000원. 커피 1잔, 담배 1갑 정도의 적은 금액이지만, 이것만 모아서 연 9퍼센트의 수익률로 운용한다면 20년 후에는 1억 원이 되고, 30년 후에는 2억 7000만 원이 넘는다. 아이가 지금 취학 전이라면 대학교를 졸업하고 사회에 나갈 즈음에는 1억 원이라는 돈이 모이는 것이다. 당장 적은 돈으로 시작해도 나중에 큰 금액이 된다. 좀 더 구체적으로, 하루에 5,000원을 투자하여 성년이 된 아이에게 1억 원 또는 그 이상을 내줄 수 있는 방법을 소개하려고 한다.

· 왜 하필 1억 원인가?

재테크 블로그나 카페를 보면 '3년에 1억 원 모으기', '5년에 1억 원 모으기' 등 1억 원 모으기에 대한 다양한 내용을 접할 수 있다. 왜 1억 원인가? 이 시대는 유동성이 넘쳐나고 자산 가격도 올라서 예전처럼 어마어마한 돈으로는 느껴지지 않을 수도 있겠다. 하지만 여전히 숫자 1억이 주는 의미는 크다. 경기도권이나 혹은 지방 대도시에서 부동산투자를 시작하려면 1억 원 정도의 돈은 가져야 한다. 따라서 첫 번째, 종잣돈으로써 1억 원은 매우 의미가 있다.

사회 초년생 혹은 30대 초반 직장인의 월급으로 모은다고 가정했을 때 목표가 약간 멀어 보이기는 하지만 전혀 불가능하지는 않아 보이는 금액이다. 두 번째, 달성하고 나면 성취감을 느낄 수 있는 큰돈이다. 창업에 의지가 있다면 조그마한 가게도 충분히 낼 수 있다. 대리 말년 차~과장 초년 차 시절, 당시 나에게 1억 원은 너무나도 큰 금액처럼 느껴져 차마 생각도 하지 못했다. 그래서 일단은 1000만 원이란 무엇인가에 대해서부터 고민했다. 첫 아이가 막 태어난 때여서 아이의 분유, 기저귀, 장난감, 예방접종 등에 소요되는 비용과 생활비를 제외하고 모을 수 있는 돈이 1년에 1000만 원이었다. '아! 1000만 원이 나의 1년과 맞먹는 거구나!' 깨달았던 기억이 난다.

1억 원을 시간으로 환산하면 10년이다. 이처럼 1억 원은 전혀 적은 액수가 아니다. 수많은 가능성이 현실이 될 수 있도록 도와주는 출발점이다.

우리 아이가 사회생활을 시작하거나, 결혼을 하는 인생의 길목에 이런 목돈이 준비되어 있다면 얼마나 큰 도움이 되겠는가? 하루 5,000원, 여기서부터 시작하면 된다.

● 잃지 말라, 절대로 잃지 말라

적은 돈으로 투자하여 자산을 증식시킨다. 이 밑거름이 우리 아이가 부자가 될 수 있도록 도와줄 것이다.

과연 투자는 쉬울까? 아니다. 투자는 어렵다. 주식투자건, 부동산투자건 투자한다는 것은 그만큼의 리스크(위험)를 감수하겠다는 뜻이고, 리스크를 감수하려면 용기가 필요하다. 자산의 특성을 배우는 것을 시작으로 실전 투자를 통해 경험도 차곡차곡 쌓아야 한다. 당연히 많은 시간과 노력이 든다.

투자에는 기대 수익률과 손실이 존재한다. 얼마만큼의 기대 수익률이 예상되는지 또는 얼마만큼의 손실 위험이 있는지를 예상하기가 어렵기 때문에 투자가 어려운 것이다. 주변에 투자로 성공한 사람을 찾기가 쉽지 않은 이유이기도 하다. 부동산 가격 상승으로 자산이 증가한 사람이 일부 존재하는 건 사실이다. 그러나 오랜 시간 동안 꾸준하게 자산 증식의 성과를 낸 경우를 찾기는 힘들다.

앞서 투자와 투기의 차이에 대해 살펴보면서 이미 말했지만, 투자 실패에 있어 조급함은 꽤 많은 부분을 차지한다. 연 7~9퍼센트의 수익을 꾸준하게 달성하는 투자에도 시간이 더해지면 복리 효과가 쌓여 큰 자산이 될 수 있다. 그런데도 단기간에 두 배, 세 배가 되는 기회만을 찾는 경우가 대부분이다. 그렇게 몰빵 투자를 한다. 빨리빨리 크게 불려야 한다는 생각에만 사로잡혀 자산을 배분하고 리스크를 분산하지 않는 경우가 많다. 그렇게 리스크에 노출되고 잃어버리기만 하는 투자가 된다. 그래서 투자는 늘 어렵고, 나하고 맞지 않고, 해서는 안 될 일이 되고 만다.

투자가 쉬워지려면 리스크에 따르는 기대 수익률을 설정하고 자산을 배분하여 시간에 투자하는 방법을 선택해야 한다. 많이 벌지 않아도 된다. 세계 최고의 투자자인 워런 버핏도 연간 수익률이 20퍼센트 정도이다. 그의 수익률을 반만 따라도 부자가 될 수 있다. 워런 버핏이 말하는 투자의 법칙만 새겨도 앞으로의 투자는 지금까지와는 다를 것이다.

워런 버핏 투자 법칙

법칙 1: 절대 잃지 말라.
법칙 2: 법칙 1을 잊지 말라.

그는 왜 당연한 말을 강조한 걸까? 나는 투자에서 손실만 줄이면 언제든지 기회가 오고, 그 기회라는 것은 시간이며, 시간이 지나면서 자산이 증식하는 것을 누릴 수 있다는 것으로 받아들였다.

전투에서 이기려면 상대가 어떤 성향인지부터 파악해야 한다. 잃지 않는 것이 곧 이기는 것이라면 투자에서 손실이란 적확하게 무엇을 의미하는지부터 알아야 할 것이다. 우리는 실제로 돈이 오가는 것을 보지 못하기 때문에 손실의 정체를 제대로 파악할 기회가 없다. 한 번 손실을 보면 복구하기까지 얼마나 힘든지 숫자로 살펴보자.

표 1-1에서 손실률당 필요한 복구 수익률을 구체적으로 살펴볼 수 있다. 5~10퍼센트 내외의 적은 손실일 때에는 손실률과 비슷한 비율의 복구 수익률이면 손실액을 메울 수 있다. 하지만 손실이 50퍼센트가 되어 다시 원금을 회복하려면 두 배의 수익률이 필요하다. 90퍼센트의 손실은 900퍼센트, 95퍼센트의 손실은 1,900퍼센트만큼 수익이

표 1-1 손실 vs. 복구 수익률

손실		복구 수익률
손실률	손실액	
5%	100만 원 ⇨ 95만 원	5.3%
10%	100만 원 ⇨ 90만 원	11.1%
20%	100만 원 ⇨ 80만 원	25%
50%	100만 원 ⇨ 50만 원	100%
90%	100만 원 ⇨ 10만 원	900%
95%	100만 원 ⇨ 5만 원	1,900%

상승해야 원금이 회복된다. 물론 보유한 자산의 가치가 상승하여 회복이 되면 다행이지만 거기엔 또 시간이라는 기회비용이 발생한다. 따라서 많이 버는 것보다 잃지 않는 게 더 중요하다.

시간도 투자를 어렵게 만드는 원인 중 하나이다. 사회생활로 지친 부모는 투자에 쏟을 시간적인 여유를 갖는 게 무엇보다 힘이 든다. 몇 년 전 퀀트 투자에 관심을 두기 시작하고 실전 투자까지 해보니 실적도 나쁘지 않아서 후배에게 추천한 적이 있었다. 후배도 측정 가능한 데이터로만 주식을 매매하는 비교적 간단한 방법에 흥미를 느꼈는지 곧 투자를 시작했다. 한참이 지난 후 성과를 물었더니 계좌를 방치하고 있다는 것이다. 다른 투자 방법보다 시간을 많이 필요로 하지 않는 장점 때문에 퀀트 투자를 권유했던 것인데, 현실은 내 생각과 조금 달랐다.

일과 육아를 병행해야 하는 직장인이 개인적인 시간을 또 투자에 할애하는 것이 마음만큼 쉽지 않다는 것을 그때 알았다. 그래서 나는 기대 수익과 손실을 예상할 수 있으면서도 실제로 실천하기 쉬운 투자 전략을 찾게 되었고 공부했던 여러 가지 전략 중에서 이 두 가지를 기본적으로 만족하는 전략으로 선정했다. 투자 내용이 합리적이고 실천하기 쉬운 전략이 우리의 목표이다. 투자, 어려운 건 맞지만 두렵고 시도조차 못할 정도는 아니다.

가만히 있으면
나보다 가난해지는 아이들

2021년 기준으로 미국 중앙은행 기준금리는 0.25퍼센트이다. 우리나라 역시 0.5퍼센트 수준으로 역사상 최하단을 기록하고 있다. 과거 높은 성장률과 한강의 기적이라고 부를 만한 놀라운 발전은 더 이상 기대하기 어렵다. 과거와 같은 성장률에는 도달하지 못하고, 은행에 돈을 맡겨 놓으면 실제 구매력이 마이너스가 되는 시대이다. 열심히 저축하면 더욱 가난해지는 시대, 이 시대가 우리 아이들이 살아갈 현재이자 미래이다.

● 단군 이래 처음으로 부모보다 가난한 세대

2030 세대가 부모보다 가난한 첫 세대라는 얘기가 나온 것이 최근 일만은 아니다. 여기에는 청년 취업난, 청년 실업률이 함께 따라온다.

그림 2-1에서 볼 수 있듯 2013년을 기점으로 실업률이 상승하는 추세다. 전체 실업률 3.8퍼센트에 비해 청년 실업률은 9퍼센트를 넘어서고 있어 청년 실업이 가장 심각하다는 것을 알 수 있다.

그림 2-2는 우리나라 근로자 중 비정규직 근로자가 차지하는 비중을 나타낸 것이다. 2020년 8월 기준 36.3퍼센트이다. 10명 중 약 4명은 비정규직 근로자인 셈이다. 나아지지 않는 상황은 임금의 불평등을 낳는다. 2020년 기준 대기업 정규직 대비 중소기업 비정규직의 임금은 42.7퍼센트 수준에 머물고 있다. 대기업 정규직과 비교했을 때 중소기업 비정규직은 절반에도 못 미치는 임금을 받고 있다는 것이

그림 2-1 | **청년 실업률**   단위: %

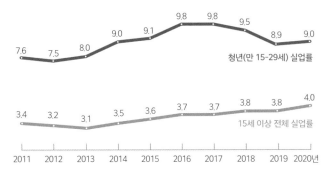

자료: 통계청

그림 2-2 | **비정규직 근로자 비율**

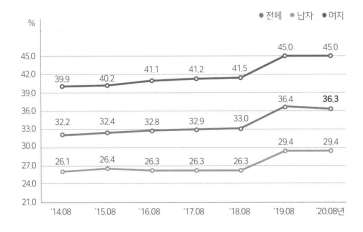

자료: 통계청

다. 최근 들어 정부에서는 비정규직 고용 형태를 정규직으로 전환하기 위해 노력하고 있으나 일부 공기업 등에 한정된다. 일반기업은 강제하기 어렵기 때문이다.

그렇다면 비정규직 근무자를 정규직 근무자로 전환하는 상황은 어떨까? 비정규직으로 일정 기간을 근무하고 나서 정규직으로 전환되도록 하자는 초기 취지와는 다르게 현실에서 정규직으로 전환되기란 굉장히 어렵다. 국내 정규직 전환율은 OECD 국가 중 꼴찌다. 취업도 어렵고 대기업 일자리는 줄어들었다. 비정규직 비중이 늘면서 소득도 줄어 부모보다 가난하게 살 가능성이 높아졌다.

2018년 전국경제인연합회 산하 한국경제연구원의 조사에 따르면 2008년부터 2017년까지 10년간 임금근로자의 월 임금 상승률은 연평균 3.2퍼센트이다. 그 기간 소비자 물가 상승률 연평균 1.9퍼센트를 고려하면 올랐다고 하기 민망할 정도의 상승률이다. 주거비는 올라서 매달 월급에서 주거비용을 빼고 나면 저축과 소비 여력은 급감한다. 강남의 아파트 가격은 평당 1억 원을 쉽게 넘어섰고 강북 아파트의 전셋값도 평균 4억 원을 돌파해서 일반 서민들에게 부담이 이만저만이 아니다. 서울 아파트 가격은 급격히 상승하여 이제 도시 근로자의 월급으로는 쳐다보기 힘들 정도이다. 평당 1억 원에 거래되는 아파트 가격도 충분히 놀라운데, 거래량이 증가한다는 얘기까지 심심찮게 들린다. 도시 근로자의 몇 년 연봉을 모으면 서울에 집 한 채 살 수 있다는 말은 호랑이 담배 피우던 시절 얘기로 남겨둬야 할 것 같다.

상승하는 주거비와 높은 실업률, 낮은 임금 문제는 비단 한국만의 문제는 아니다. 세계적인 현상으로 구조적 문제라고 볼 수 있다. 미국의 중앙은행인 연방준비제도Fed, Federal Reserve System*에서 부모보다 가난한 밀레니얼 세대Millennial Generation라는 조사 결과를 발표했다. 밀레니얼 세대는 앞선 X 세대Generation X(1965~1980년생)와 베이비 붐Baby Boom 세대(1946~1964년생)에 비해서 소득이 적다고 밝혀졌다. 이것은 글로벌 저성장 국면과 자산 가치 상승으로 인한 세대 격차 확대 등 현재 사안을 그대로 반영하는 결과다. 앞으로 구조적인 변화가 없다면 우리 아이가 살아야 할 세상도 이와 다르지 않을 것이다.

베이비붐 세대 선배들을 보면 기업 임원까지 근무하신 분들이 많다. 물론 그분들도 나름의 경쟁을 거쳐 치열하게 살았지만 엄밀히 따졌을 때, 현 2030 세대보다 성장의 기회가 많았다. 선배들 역시 1980~90년대 수출이 증가하며 그로 인해 부서가 늘어나고 고용도 활발해져서 책임자로 일할 기회가 많았다고 얘기한다. 하지만 지금은 그런 성장도, 기회도 바라기 어려운 세상이다.

● **Fed**: 미국연방준비제도Federal Reserve System 또는 '미 연준'이라고 줄여서 부른다. 미국의 중앙은행 역할을 하는데, 다른 나라와 달리 민간 기관으로 분류된다.

056

● 부자 나라, 가난한 국민: 낮은 경제 성장률

한국의 국내총생산GDP은 그림 2-3에서 볼 수 있듯 2019년도 기준으로 전 세계 12위이다. GDP뿐만 아니라 수출액도 전 세계 6~10위권을 항상 오르내리는 수출 강국이기도 하다. G20* 국가 중 하나로 국제적으로도 위상이 높다. 경제 규모 면에서 선진국이라고 불려도 손색없다.

그림 2-3 **한국 GDP 순위(기준: 2019년)**

한국 국내총생산(당해년 가격) 1조 6463억 달러(12위)

1 미국		21조 4277억
2 중국		14조 3429억 284만 2,915.9
3 일본		5조 817억 6954만 2,379.8
4 독일		3조 8456억 3003만 823.5
5 인도		2조 8751억 4231만 4,811.9
6 영국		2조 8271억 1318만 4,695.6
7 프랑스		2조 7155억 1827만 4,227.5
8 이탈리아		2조 12억 4439만 2,041.6
9 브라질		1조 8397억 5804만 765.6
10 캐나다		1조 7364억 2562만 9,520
11 러시아		1조 6998억 7657만 8,871.4
12 한국		1조 6463억

자료: 통계청

● **G20**: 선진 7개국 정상회담G7과 유럽연합EU 의장국, 그리고 신흥시장 12개국을 포함한 전 세계 주요 20개국을 의미한다.

그림 2-4는 1950년대 이후 한국의 경제 성장률을 나타내는 그래프이다. 휴전 이후 성장을 시작하여 1960년대 말부터는 10퍼센트 이상의 고도성장을 1980년대 후반까지 20년간 지속했다. 1990년대에도 성장이 지속되기는 하지만 과거에 비해 성장폭이 크지는 않다. 2019년 기준 2퍼센트 근처의 성장을 보이며 줄어들고 있다. 경제 규모는 커지고 성장률은 점점 감소하는 것이다. 1의 경제 규모에서 1만큼 성장하면 100퍼센트 성장이 된다. 하지만 100의 경제 규모에서 1만큼의 성장은 1퍼센트밖에 되지 않는다. 규모가 커지는 동시에 높은 성장률을 유지하기는 힘들다. 과거 폭발적인 성장률을 보였던 중국도 2015년 7퍼센트가 깨진 이후 성장률이 지속적으로 감소했다.

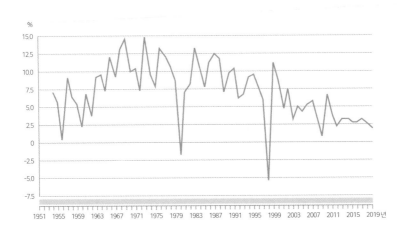

그림 2-4 | 한국 경제 성장률

자료: 한국은행

성장률이 높을수록 내수 경제 활동도 활발하다. 간단하게, 제조 공장이 잘 돌아가면 직원들 급여도 오르고 가계 살림이 좋아진다. 그렇다면 성장률이 낮은 현재 살림살이는 어떨까?

그림 2-5는 OECD 국가의 평균 임금을 나타낸다. 한국은 GDP 규모가 10위권인데 비해서 국민의 소득인 평균 임금은 20위권으로 OECD 평균 이하에 속한다(파란색 막대그래프). 경제 규모는 커졌지만, 가계의 소득은 커지지 못한 상황임을 보여준다. 예전에 일본을 두고 '부자나라 가난한 국민'이라는 말을 많이 했었는데, 지금 우리나라도 그 길을 걷는 모양새이다. 낮아진 성장률은 실업률을 높이고 소득을 줄인다. 앞서 봤듯이 특히 우리나라는 청년 실업률이 높다. 우리 아

그림 2-5 ┃ **OECD 국가 평균 임금**

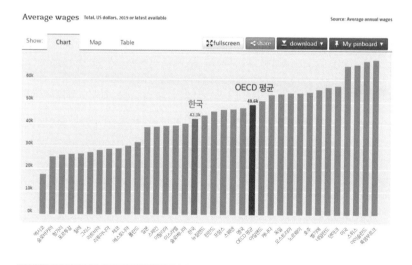

자료: Average annual wages: stats.oecd.org/Index.aspx?DataSetCode=AV_AN_WAGE

이들은 지금보다 더 부자나라 더 가난한 국민의 일원이 되어야 하는 상황에 처했다.

● 4차 산업혁명의 민낯: 높은 실업률

'인공지능AI, Artificial Intelligence', '사물인터넷', '빅 데이터', '로봇' 등으로 대표되는 4차 산업혁명의 시대가 오고 있다. 독일은 이미 2011년부터 인더스트리 4.0Industry 4.0●이라는 이름으로 '스마트팩토리smart factory'를 구축하고 있었다.

4차 산업혁명의 인공지능 기술을 인류가 직접적으로 체험한 사건은 구글의 '알파고'와 '이세돌' 9단의 대결이 아닌가 싶다. 많은 사람이 이세돌 9단의 승리를 예상했지만, 결과는 완전히 반대였다. 알파고의 압승으로 끝났다. 이세돌 9단이 1승을 한 것은 다행이고, 기분이 좋은 일이었다. 하지만 4차 산업혁명 이후를 실감하게 한 충격적인 사건이었다. 바둑은 경우의 수가 무한대라고 알려져 있다. 가로×세로 19줄의 정사각형 안에서 무수히 많은 경우의 수를 가진다. 정형화된 문제를 푸는 것이 아니기 때문에 창의적이고 과제에 따라 융통성을 발휘할 수 있는 인간이 기계(알파고)보다 이 대결에서 유리할 것이라 생각했다.

● **인더스트리 4.0**: 제조업의 경쟁력 강화를 위해 독일 정부가 추진하고 있는 제조업 성장 전략을 말한다.

1997년 IBM의 딥블루가 체스 챔피언 가리 카스파로프Garri Kasparov
를 상대로 승리를 거둔 이후 딥러닝Deep Learning으로 대변되는 인공지
능이 2016년 바둑 분야에서도 인류에게 패배를 안겼다. 이제는 인간
이 바둑으로 컴퓨터를 이길 것이라고 생각하는 사람은 없을 것이다.
그리고 인공지능은 모든 영역에서 영향을 점점 확대해 나갈 것이다.

4차 산업혁명으로 주목할 곳은 아디다스 신발 자동화 공장인 '스
피드팩토리'이다. 아디다스 신발을 연간 50만 켤레를 만들기 위해서
는 600명의 직원이 생산에 참여해야 하지만 스피드팩토리에서는 단
10명만 있으면 된다. 생산성을 따져보면 60배가 증가했다. 말 그대로
혁신과도 같은 일이다. 하지만 우리는 스피드팩토리에서 일하는 10
명이 아닌 일자리를 잃은 590명을 보아야 한다. 생산성은 분명히 향
상되었지만 일자리는 사라졌다.

우리나라의 사정도 별반 다르지 않다. 약 20년 전, 사회 초년병 시
절에 점심시간이나 퇴근시간이 되면 생산직 근무자들이 회사 유니폼
을 입고 건물에서 쏟아져 나왔다. 그리고 몇 년이 지나자 내가 몸담
았던 기업뿐만 아니라 많은 기업들이 값싼 인건비를 찾아 해외로 공
장을 이전했고 그때의 모습은 과거가 되었다.

공장을 이전하면서 발생한 또 다른 상황은 본격적인 기계화를 알
린 신호탄이었다. 당시 근무하던 회사에서도 공장을 필리핀으로 옮
겼는데, 이전했을 때 공장 직원이 8,000명에 달했다. 그러나 전사적
인 자동화 바람이 불어 얼마나 더 많은 인력을 감축하느냐가 실적의
기준이 되었고, 사내에서는 100명이 하던 일을 두 사람이 수행하는

프로젝트를 실행하였다. 당시 이 프로젝트가 공장 전체로 전개되지는 않았지만, 그 후에도 부분적으로 자동화를 적용하여 인력을 꾸준히 감축해 나갔다. 엔지니어로서 마주한 자동화 시스템은 우리의 일자리 근간을 위협하고 있었다. 4차 산업혁명이 본격적으로 시작되면 직업의 기계화로 인해 일자리는 더 감소할 것이다.

그림 2-6은 국가별 로봇 밀집도를 나타낸다. 한국은 제조업 노동자 1만 명당 531대의 로봇을 사용하며 제조업계 로봇 밀집도에서 전세계 1위를 차지하고 있다. 제조 강국인 일본, 독일과 비교했을 때도 월등히 높은 수치이다. 기술이 발전하여 자동화가 이루어진 것이라 볼 수도 있지만, 우리나라에서 많은 일자리가 더 빨리 사라졌다는 것을 의미하기도 한다. 하드웨어 제조분야의 일만이 아니다. 많은 직장

| 그림 2-6 | **국가별 로봇 밀집도**

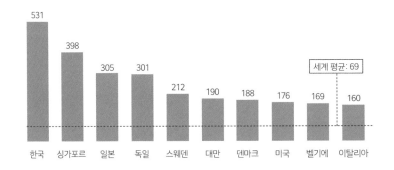

로봇밀집도: 제조업 노동자 1만 명당 대수
자료: 세계로봇협회 2016

인들이 AI에 의해 일자리가 사라질 것을 우려하고, 미국 의회에서는 AI로 인한 일자리 감소에 대비책이 필요하다는 목소리를 높이고 있다. 4차 산업혁명의 발달로 우리는 스마트 지식정보화 시대를 편하게 누리지만 일자리 감소라는 무시무시한 반작용을 외면할 수만은 없다.

● 우리 앞에 닥친 위험: 영끌과 N포 세대

'N포 세대'라는 말을 들어본 적이 있는가? 수학에서는 1, 2, 3을 넘어서 특정할 수 없는 임의의 수를 나타내기 위해서 알파벳 'N'을 쓴다. 임의의 수 'N'과 단어 '포기'의 앞 글자 '포'를 따와서 'N포'라는 말이 만들어졌다. 처음에는 3포 세대에서 시작해서 5포 세대를 거쳐서 7포 세대라는 말이 나오더니 이제는 급기야 N포 세대라는 말이 생겨나기에 이르렀다. '3포 세대'란 '연애'와 '결혼', '출산'을 포기하는 것을 말한다. 취업이 어렵다 보니 결혼과 가정을 꾸리는 전 과정을 송두리째 포기하는 것이다. '5포 세대'는 거기에 더해 '내 집 마련'과 '인간관계'를 '7포 세대'는 '꿈'과 '희망'마저 포기한다는 의미로 쓰인다. 이제 더 포기할 것도 없을 것 같은데 거기에 더해서 더 많은 것들을 포기해야 하는 세대라는 N포 세대라는 말까지 생겨났다.

일본은 우리보다 앞서 '사토리さとり 세대'라는 말이 있었다. 1980년대 후반~1990년대에 태어난 이들로 욕망을 억제하며 사는 세대를 말한다. 1988년 전 세계 기업 중 시가총액 기준으로 50대 기업에 일본 기업이

그림 2-7 **1988년 세계 50대 기업 순위 중 10위권**

1988년 시가총액 기준 세계 50대 기업 순위(단위: 백만 달러)

순위 88년	순위 87년	기업	국적	시가총액	87년도 매출액
1	1	NTT	일본	276,840	46,639
2	2	IBM	미국	76,049	54,220
3	4	스미토모은행	일본	65,335	300,933
4	3	엑슨	미국	62,572	82,100
5	8	다이이치칸교은행	일본	61,971	325,206
6	9	후지은행	일본	59,746	293,103
7	6	도쿄전력	일본	57,318	32,455
8	10	미쓰비시은행	일본	53,934	296,063
9	5	일본개발은행	일본	52,170	225,909
10	7	노무라 증권	일본	51,154	28,707

33개를 차지했고, 10대 기업 중 8개가 일본 기업이었다. 그림 2-7에서 1980년대 황금기 일본을 볼 수 있다. 그때는 도쿄를 팔면 미국을 살 수 있다는 얘기까지 돌던 시절이었다. 반면에 지금은 30위권에 도요타 자동차Toyota Motor Corporation 정도만 겨우 올라 있다. 화려한 시절은 지났고 거품이 붕괴하면서 성장은 더뎌졌다. 극심한 취업난으로 오랜 시간을 보내면서 젊은이들의 성향도 특정지어 졌다.

　그림 2-8은 미국 연방준비제도(이하 연준)의 자산 현황을 보여준다. 연준이 채권을 매입하면 채권은 연준의 자산으로 인식된다. 이 말은 연준이 시장에 자금 공급을 늘린다는 말과도 같다. 경기가 나빠지면 중앙은행은 자구책으로 화폐 공급을 늘리는 방법을 사용한다. 2008

그림 2-8 미국 연방준비제도 자산, FRED°

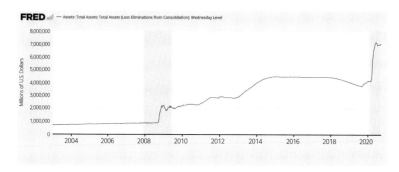

자료: 미국 세인트루이스 연준 경제 데이터FRED, Federal Reserve Economic Data

년 금융위기를 극복하기 위해 시장에 막대한 돈을 투입했던 것에서도 이점을 확인할 수 있다. 2020년 코로나 바이러스가 전 세계 경제에 타격을 주어 시중에 금융위기 때보다도 더 많은 돈이 풀렸고 연준의 자산인 채권 보유가 증가한 것을 그림에서 확인할 수 있다.

중앙은행의 자산 현황과 N포 사이에 어떤 관련성이 있나 싶겠지만 중앙은행의 금융정책은 N포 세대에도 영향을 미친다. 일례로 시중에 돈이 많아지면 소비가 늘어난다. 소비는 공장을 돌리고, 더 많은 일자리를 만들고, 월급을 올린다. 가계는 다시 물건을 구매하는 경제 선순환이 이루어진다. 그러나 중앙은행이 의도한 곳으로 돈이 흐르지 않고 주식과 부동산 등의 자산시장으로만 자금이 흐르면 경제 선순환을 이야기하기가 어려워진다.

● FRED: 미국 세인트루이스 연방준비은행에서 제공하는 다양한 경제 지표 및 데이터를 확인할 수 있다.

2013년을 기점으로 서울의 아파트 가격은 쉼 없이 상승했다. 정부에서는 집값과 전쟁 중이다. 과거와 비교할 수 없을 정도로 가격이 오르다 보니 더 늦으면 아파트를 살 기회를 잃을 것 같은 위기감에 2030 세대들이 앞다투어 아파트 매수에 뛰어들었다. '영끌'은 '영혼까지 끌어모아서 투자한다'는 것으로 신용대출에 마이너스 통장까지 돈을 구할 수 있는 대로 다 모은다는 의미이다. 그렇게 한쪽으로 치우친 사회 분위기 속에서 현실화된 영끌은 전문가들의 많은 우려를 낳았다. 부동산 시장도 다른 자산시장과 마찬가지로 순환을 거친다. 가격이 많이 오른 정점에서 구매하게 되면 오랜 시간 가격이 하락하는 것을 지켜보거나 횡보를 경험해야 하는 위험이 있다.

직장에서 2030 세대 후배들과 이야기를 나누어도 별반 다를 것이 없다. 그들이 연애, 결혼, 출산의 과정에서 중요시 여기는 부분은 집, 다시 말해서 아파트이다. 월급만으로 아파트를 사기에는 불가능한 상황이고 시간이 지날수록 월급과 아파트 가격이 점점 더 멀어지는 것만 같아서 몇 년 전 비트코인에, 최근에는 주식시장에 뛰어들었다고 한다. 공부해서 투자한다는 장기적인 관점으로는 너무 늦어질 것 같은 조급함에 마음만 앞서다가 되려 손실을 보는 경우도 부지기수라 했다.

40대 중반을 넘어선 나 역시도 같은 고민을 한다. 나는 해결해 나갈 문제라 생각하지만 후배들은 선택의 문제로 생각한다는 점이 다르다.

'집값', '양육비'. 이 두 가지가 2030 세대의 결혼과 출산을 늦추거나 포기하게 만드는 주요 원인이다. 이제 막 사회생활을 시작한 후배들이 마주하는 세상도 이러할진대 우리 아이가 맞닥뜨리게 될 미래는 어떨까? 더 좋아질 것이라는 희망을 말하기에는 현실이 너무 차갑다.

● 마이너스 금리 시대

미국은 제로 금리에 도달했고 연준에서는 2023년까지는 기조를 유지하겠다고 밝혔다. 지난 30년간의 금리 인하 흐름에서 가장 낮은 수치이다. 우리나라는 이보다는 조금 높은 0.5퍼센트로 계속 동결 중이다. 글로벌 투자자들은 낮은 수익률(이자)을 감내하면서까지 투자하지 않는다. 안정적인 시장이 형성되어 있고, 이자를 많이 주는 미국으로 자산을 옮기는 것이 더 낫기 때문에 한국은 미국보다 일정 수

그림 2-9 | **전 세계 마이너스 금리 국채 규모, 마이너스 금리 국가(기준: 2019년)**

마이너스 금리 국채규모(단위: 조 달러)

17 ─ 16.83
13 ─
9 ─ 7.77
5 ─

2017년 1월 2019년 8월

주요국 3년 만기 국채금리

스위스	-1.051%
독일	-0.889%
프랑스	-0.799%
일본	-0.309%
영국	0.373%
한국	1.242%
미국	1.533%

준 이상으로 금리를 높게 유지하는 인센티브를 제공한다. 2019년 기준으로 전 세계에 마이너스 금리로 발행된 국채 규모가 16조 8000억 달러를 넘어섰다. 3년 만기 국채가 마이너스인 국가에는 일본을 비롯한 프랑스, 독일, 스위스 등 주요 선진국이 포함된다. 최근에는 영국도 그 대열에 합류했다.

금리는 늘 더해지는 것이 아니었던가? 마이너스 금리라니? 뭔가 이상하게 느껴진다. 마이너스 금리에는 개념상 모순이 있다. 예를 들어 은행에 돈을 100만 원 맡겼을 때 3년 뒤에 97만 원만 준다는 것이다. 말이 되지 않는다. 은행에 돈을 맡겼는데 이자를 주지 않고 되려 보관료를 받겠다는 것과 같기 때문이다. 하지만 다른 곳에 100만 원을 맡길 경우 3년 뒤에 95만 원이 된다면, 97만 원을 선택하는 것이 그렇게 나쁜 선택이 아닐 수도 있다.

왜 이런 일이 벌어질까? 장기 국채 금리가 낮아지는 것은 돈을 빌려서 투자하려고 하는 곳이 감소한다는 의미이다. 경기가 좋아서 너도나도 설비 투자를 한다면 대출이 필요하다. 유통되는 돈의 양은 한정되어 있고, 대출을 내기 위한 수요는 증가하므로 금리(장기 금리)가 오른다. 반대로 경기가 나빠서 대출 수요가 감소하면 금리는 낮아진다. 더 나아가 극단적으로 경기가 하락하면 은행에 맡기는 돈에 패널티를 가하여 예금을 막고, 시중에 돈을 유통시키고자 한다. 그러한 이유로 마이너스 금리가 생겼다. 마이너스 금리는 불경기를 알리는 단초로 시중 은행이 시장에서 대출을 유도하여 경기를 부양하도록 이끈다.

스위스, 독일, 프랑스, 일본 등 각국에서 마이너스 국채를 발행하고 있는 것을 보면 글로벌 경기가 좋지 않은 시기임이 분명하다. 그러나 우리가 실생활에서 마이너스 금리를 경험하기란 쉽지 않다. 한국은행 기준금리는 0.5퍼센트이고, 시중의 금리에는 가산금리가 붙기 때문에 이보다는 높게 책정된다. 만약 물가상승률이 연간 1퍼센트를 넘으면 실질금리는 마이너스가 된다.

이러한 경제 상황 속에서 수익 증가를 목적으로 투자에 나서는 사람들이 많아졌다. '동학개미운동'도 이와 무관하지 않다. 동학개미운동은 2020년 초 코로나19로 외국인투자자들이 우리나라 주식을 대량 매도하여 주가가 가파르게 하락하는 국면에서 개인투자자들이 적극적으로 매수에 나서 주가를 방어한 상황을 일컫는다. 동학개미운동에 2030 세대들이 많이 유입됐는데, 여기에는 저금리 시대에 저축만으로는 수익을 얻을 수 없다는 위기감이 크게 작용했다고 보인다. '자산을 불린다'는 개념에서 '자산을 지킨다'는 개념을 우선하는 시대로 변화했다.

이제는 수익형 부동산이나 배당 수익을 얻을 수 있는 배당주가 인기가 많다. 국내에서 리츠˚ 및 공모주▪가 인기를 끄는 것도 같은 이유이다. 마이너스 금리는 투자를 하지 않으면 버티기 힘든 상황을 만들지만 섣부른 투자로 오히려 자산을 잃을 수도 있으니 공부가 무엇보다 중요하다.

● **리츠REITs**: 'Real Estate Investment Trusts'의 약자로 부동산투자, 개발, 임대 등을 통하여 이익을 창출하는 기업을 의미한다.
■ **공모주**: 기업이 증권시장에 상장하는 경우, 공개 모집을 통해서 일반인들도 주식을 살 수 있도록 신청하는 제도이다.

당신의 투자를
어렵게 만드는 것들

우리 아이가 자라서 경제적 어려움이 없도록 하려면 어떻게 하면 될까? 하는 고민부터 머지않은 미래의 경제 상황에 대해서 살펴보았다. 우리 아이들 앞에 놓인 높은 실업률과 저성장의 한계가 당분간 계속될 것으로 보인다. 따라서 우리는 아이를 위해 가능한 빨리 투자를 시작하여 시간이 주는 복리의 혜택을 누려야 한다. 그렇다고 어렵게 느껴지는 투자를 무작정 시작할 수만은 없다. 투자를 어렵게 만드는 잘못된 환상의 실체부터 파헤쳐 보자.

● 전문가는 원숭이보다 수익률이 나쁘다?

투자를 시작할 때, 특히 주식투자를 시작할 때는 주위의 말을 듣고 주식부터 사고 나서 걱정을 하는 경우가 많다. 나 역시 그랬다. 전에 같은 회사에서 근무하던 후배가 어떤 종목을 추천했다. 후배는 오랜 시간 주식투자를 해 온 주위에서는 주식 전문가로 통하는 사람이었다. 다른 지역 출신인 후배는 해당 종목의 생산 공장이 있는 지역에 거주하는 친척이 있었고, 친척에게서 매출을 크게 증대시킬 계약에 관한 이야기를 들었다고 했다. 주위에서도 인정받는 전문가인 후배가 그 지역에 사는 친척에게서 들었다고 하여 귀가 솔깃했다. 초반에는 주가가 쭉쭉 올랐다. "역시 전문가는 다르구나!" 하는 감탄도 잠시, 루머임을 증명하듯 주가는 하한가를 쳤다. 이렇듯 쉽게 지인 말만 믿고 투자를 했다가 낭패를 봤다.

모든 투자에는 투자할 만한 이유가 필요하다. 실적이 탄탄하거나 기업의 경영활동이 시대의 요구에 적합하거나 산업의 장래성이 크거나 하는 타당한 근거를 확인할 수 없다면 '묻지마 투자'와 다를 바 없다. 한두 번의 우연으로 수익이 나는 경험을 할 수는 있다. 그러나 지속적으로 수익을 거두는 것은 불가능에 가깝다.

또 본인이 투자 달인이 된 것 같은 착각에 빠지는 것도 경계해야 한다. 몇 년 전 지인이 주식시장을 채 1년도 경험하지 않고서 투자에 재능이 뛰어난 것 같다면서 자랑을 일삼았다. 수익이 난 계좌를 과시하는 것은 덤이었다. 때는 2017년이었다. 그림 3-1의 KOSPI 지수를 다시 살펴보니 2017년은 누구나 주식 전문가가 될 수 있었던 시기였다. 그 이후에는 지인이 주식에 관해 이야기하는 것을 들어본 적이 없다.

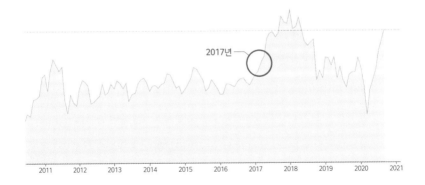

그림 3-1 KOSPI° 지수

- KOSPI: 한국증권거래소에 상장되어 거래되는 모든 주식을 '시총가중평균'으로 평가한 지표이다. 전체 주식시장의 흐름을 알 수 있다.

옆 사람에게서 들은 소문과 한두 번의 행운을 과신하면 투자에서 큰 어려움에 처할 수 있다.

그렇다면 전문가는 다를까? 2007년 미래에셋자산운용에서는 '인사이트 펀드'라는 상품을 출시했다. 당시 미래에셋자산운용사의 실적을 의심하는 사람들이 많았지만 그럼에도 불구하고 판매 시에는 사람들이 몰려서 증권사 지점에 줄이 늘어서기까지 했다. 모집 한 달 만에 어마어마한 금액인 4조 원 이상이 모였다. 그러나 결과는 참담했다. 리먼 브러더스 사태를 시작으로 금융위기를 거치면서 수익률이 1년 만에 반토막이 난 것이다. 이후 8년간이나 원금을 회복하지 못했다. 2020년 12월에 2007년 설정 이후 100퍼센트 수익이 났다는 뉴스가 있었지만, 그 수익을 얻은 사람은 일부에 불과하다. 손해 구간인 8년을 견딜 수 있는 사람은 많지 않기 때문이다.

나는 비슷한 시기에 유행했던 '미래에셋차이나솔로몬' 펀드에 가입했었다. 이 펀드도 비슷한 상황으로 흘렀고 나 역시 반토막에 손절하고 나왔던 쓰라린 기억이 있다. 펀드 매니저나 자산운용사의 역량을 믿고 의지할 수밖에 없는 공모펀드의 경우 펀드 운용에 대해서 확인할 수 있는 부분이 상당히 제한적이므로 '깜깜이 투자'와 비슷한 상황에 놓인다. 2008년 130조 원을 넘게 모았던 국내 주식형 공모펀드 설정액은 이후 지속적으로 감소하여 2020년 6월 기준 58조 원으로 절반 이하의 액수가 되었다.

반면 추종 지수를 알 수 있고 수수료도 저렴한 상장지수펀드ETF, Exchange Traded Fund에 투자하는 사람들이 많아졌다. 국내뿐만 아니라 해외주식에 투자하는 사람도 늘고 있다.

　금융 전문가를 가장 쉽게 접할 수 있는 곳은 은행이나 증권사 지점 창구이다. 금융업에 종사하기 때문에 당연히 일반인보다 전문성이 강하다고 생각하겠지만 그분들이 전문가인 것과는 별개로 판매해야 하는 상품이 정해지는 경우가 대부분이다. 직원과 회사가 많이 가져 갈 수 있는 인센티브 요율 순으로 상품이 판매되기 때문이다. 고객의 이익과 회사의 이익이 같이 발생하는 인센티브 구조라면 상황이 더 나을 수도 있지만 상품 운용 수수료나 매수·매도에 따른 인센티브에 영향을 받는다면 고객의 이익은 뒷전일 수밖에 없다. 2019년 9월 말 문제가 되었던 '독일 국채DLF, Derivative Linked Fund 사태'로 전문가를 무조 건 맹신해서는 안 된다는 교훈을 얻을 수 있다.

　DLF는 파생 결합 펀드로 주가나 금리의 변화에 따라 수익률이 달라지는 상품이다. 그림 3-2에서 확인할 수 있듯이 독일 국채 금리가 마이너스 0.25퍼센트 이상만 되면 연 4퍼센트의 수익이 발생한다. 하지만 마이너스 0.25퍼센트 이하가 되면 수익이 줄어들고 마이너스 0.65퍼센트가 되면 원금의 98퍼센트가 사라지는 상품이다. 앞장에서 이미 알아봤듯이 일본을 비롯한 유럽 여러 국가는 마이너스 국채를 발행하고 있다. 독일 국채 10년물 금리는 마이너스 0.65퍼센트 금리 이하로 떨어졌고 전액(-98퍼센트) 손실확정에 이르렀다.

　사회적으로 문제가 되자 금감원에서 나서 '불완전판매*'로 결론을

● **불완전판매**: 금융기관이 소비자에게 상품을 판매할 때, 중요한 내용(위험도, 손실가능성 등)을 충분하게 안내하지 않고 상품을 판매하는 것을 말한다.

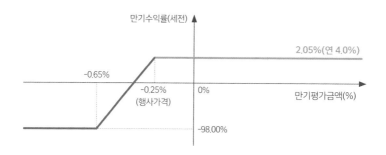

그림 3-2 독일 국채 DLF 수익구조

우리은행: 독일 국채 10년물 금리연계 사모펀드

만기수익률(세전)

2.05%(연 4.0%)

-0.65%

-0.25%
(행사가격)

0%

만기평가금액(%)

-98.00%

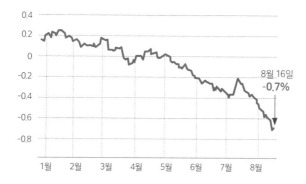

그림 3-3 독일 국채 10년물 금리 추이(기준: 2019년)

8월 16일
-0.7%

표 3-1 **부실화된 주요 사모펀드**　　　　　　　　　　　　　　단위: 원

구분	판매 잔액	주요 판매사
젠투파트너스	9522억	신한금융투자, 키움증권, 삼성증권, 우리은행
라임국내사모사채펀드	8871억	우리은행, 대신증권, 신한금융투자
라임국내메자닌펀드	8251억	대신증권, 교보증권, 신한금융투자
라임크레디트인슈어드펀드	3508억	신한은행, 경남은행, 대신증권
독일헤리티지DLS·DLF	5070억	신한금융투자, 하나은행
옵티머스펀드	4807억	NH투자증권, 한국투자증권
디스커버리US핀테크글로벌펀드	1181억	기업은행, 하나은행, 대신증권
디스커버리US부동산선순위펀드	1141억	신한은행, 신한금융투자

자료: 금융감독원

내리고 투자자에게는 원금을 보상하도록 지시했다. 판매 관련자에게
처벌도 내렸는데 관련 소송은 아직도 진행 중이다. 천만다행으로 구
제되었지만 전문가만 믿고 맡겼다가는 원금 전체를 날릴 수도 있다는
위험을 알려준 사례이다. 최근에는 라임사태 등 사모펀드* 시장에도
부실문제가 많이 발생한다.

　상품 내용을 자세하게 공부하지 않고 전문가의 말만 믿다가는 큰
손해를 볼 수 있다. 펀드 매니저의 전문성에 문제를 제기한 유명한
일화로 원숭이와 펀드 매니저의 대결이 있다.

　1973년 프린스턴 대학교의 경제학 교수 버턴 맬킬Burton G. Malkiel은

■　**사모펀드**: 소수의 투자자에게서 모은 자금을 가지고 운용하는 펀드이다. 금융당국의 관리를 받지 않고 자유로
이 운용된다.

'주식시장은 매우 효율적이기 때문에 주가도 효율적으로 형성된다'고 생각했다. 따라서 효율적 시장에서는 원숭이가 포트폴리오를 구성해도 펀드 매니저와 비슷한 실적을 낼 것이라고 주장했다. 이를 실험하기 위해 미국 유명 경제지 〈더 월스트리트 저널The Wall Street Journal〉에서 2000년 7월부터 2001년 5월까지 수익률 게임을 진행했다. 원숭이 대신 눈을 가린 사람이 다트핀을 던져 종목을 선정했고, 펀드 매니저는 포트폴리오를 구성했다. 수익률을 여러 번 비교한 결과는 어떻게 됐을까? 놀랍게도 원숭이가 펀드 매니저를 이겼다. 단기 수익률에 대한 설파이기는 하지만 이 실험을 통해 우리는 단순히 전문가라는 이름값만 믿고 아무런 정보 없이 투자해서는 안 된다는 교훈을 얻을 수 있다. 스스로가 투자 상품에 대해서 자세하고 확실하게 이해하는 과정이 가장 먼저 이루어져야 한다.

● 국내 주식도 어려운데 해외 주식이라고 쉬울까?

과거에는 펀드를 통한 간접투자를 하는 사람들이 많았는데 최근에는 해외 주식에 직접 투자하는 사람들이 늘었다. 코로나19로 주가지수가 급락하던 2020년 3월, 개인투자자들이 대거 매수세로 나선 것을 '동학개미운동'이라고 불렀다면, 미국의 아마존이나 애플, 마이크로소프트 등 일명 'FAANG'기업 투자에 나선 것을 두고 '서학개미운동'이라는 말을 붙였다.

수출 위주의 한국 경제는 국내의 경제 상황뿐만 아니라 해외 경기에도 많은 영향을 받는다. 경기가 순환하는 모양에 따라서 기업 실적의 변화가 생기고 주가도 위아래 변동폭이 커지거나 횡보하는 경우가 많다는 것이다. 그림 3-4는 KOSPI 지수의 변화를 나타낸다. 상승과 하락이 계속 반복되고 횡보하는 시기도 길어지는 것이 특징이다. 주가지수를 추종하여 투자하면 상황이 무척 답답해질 수 있다.

그림 3-5는 미국 S&P500지수의 연도별 변화를 나타낸다. 2000년 닷컴버블, 2008년 금융위기 당시 증시 하락 구간을 나타내고 있으며, 그 외 구간에서는 지속적으로 우상향한다. 수출 중심의 한국과 달리 소비가 전체 GDP 중 60퍼센트를 차지하는 미국은 주가가 꾸준히 우상향하는 특징이 있다. 다들 이러한 그림을 보고 희망에 부풀어서 미국 주식투자에 나서고 있다. 장기적인 관점에서 S&P500지수를 추종하여 투자하는 것은 좋은 방법이라고 볼 수도 있다. 하지만 꾸준히

그림 3-4 | **KOSPI 지수**

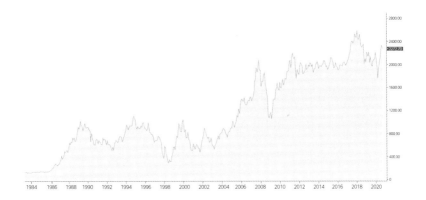

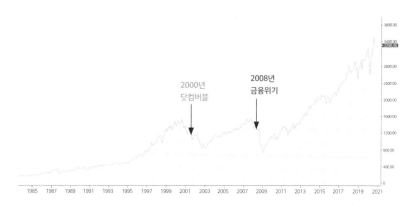

그림 3-5 | 미국 S&P500지수

우상향하는 것처럼 보이는 미국 주식(S&P500)도 2000년 닷컴버블 당시에는 -9.7퍼센트, 2001년에는 -11.8퍼센트, 2002년에는 -21.59퍼센트 하락했다. 2008년 금융위기에는 한 해동안 -36.8퍼센트 하락했다. 대부분의 투자자들은 이런 상황을 견디지 못한다.

지수를 추종하는 투자 상품이 아닌 해외 개별 주식 종목에 투자했다고 생각해 보자. 지수 하락률 이상을 넘어서는 마이너스 70퍼센트, 마이너스 80퍼센트의 하락을 온몸으로 버텨야 한다. 일반적인 멘털Mental로는 불가능하다.

2020년 9월까지 해외 주식 순매수 금액은 135억 7000만 달러(약 16조 원)에 달했다. 그 금액은 2017년 14억 5000만 달러에서 무려 10배가량 늘어났다. 3년 전에 비해서 미국 투자가 10배가 늘었다는 것인데, 그렇다면 어떤 종목을 매수했을까? 그림 3-6은 2020년 9월 국내 투자자들이 보유한 해외 주식 순위이다. 미국 기술주에 '몰빵'하

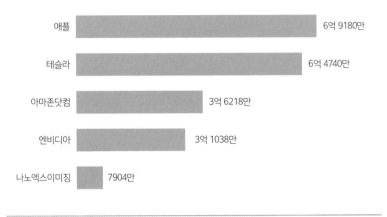

그림 3-6 | 해외 주식 순매수액(기준: 2020년 9월) 단위: 달러

애플 — 6억 9180만
테슬라 — 6억 4740만
아마존닷컴 — 3억 6218만
엔비디아 — 3억 1038만
나노엑스이미징 — 7904만

자료: 한국예탁결제원

듯이 많은 투자를 했다.

　그림 3-7은 앞서 2020년 9월에 국내 투자자들이 집중한 종목의 주가 그래프이다. 최근에 급등한 모양새가 무치 어지럽게 느껴진다. 선견지명을 가진 일부 투자자를 제외하고 대부분의 투자자는 가격이 오른 것을 확인하고 투자에 나선다. 특히 주변에서 누가 테슬라에 투자해서 '얼마 벌었다더라'는 얘기가 들리기 시작하면, 나만 뒤처진 것 같고 조급한 마음이 들어서 이미 오를대로 올랐을 때 뒤늦게 투자에 나서게 된다. 하지만 기업의 이익 변화와 가치에 대한 판단 없이는 투자를 성공하기가 어렵다. 혁신을 이끄는 위대한 기업임에는 틀림이 없지만, 아무리 미국 주식시장이 우상향한다고 해도 뒤늦게 소문만 좇아 투자하는 것은 위험하다는 의미이다.

그림 3-7 **2020년 9월 국내 투자자의 해외 주식 보유 상위종목**

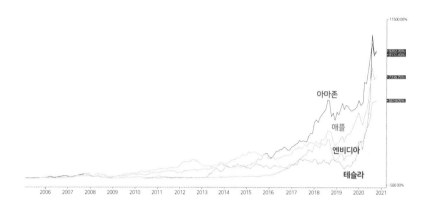

그림 3-8 **시스코 시스템즈 주가**

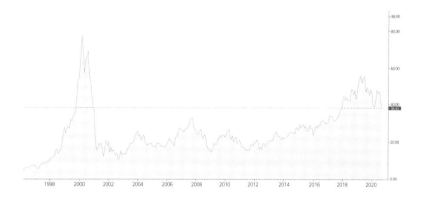

그림 3-8은 시스코 시스템즈의 주가 그래프이다. 시스코 시스템즈는 네트워크 설비와 솔루션을 제작·판매하는 회사이다. 1999~2000년 당시 '인터넷'은 꿈과 희망을 주는 단어였으며, '정보통신'과 '네트워크'도 마찬가지였다. 꿈과 희망을 잔뜩 안은 기업들은 자고 일어나면

주가가 올랐다. 새로운 세상이 열렸고, 주가는 영원히 상승할 것만 같은 착각에 빠졌다. 시간이 지나자 결국 버블이 터지기 시작했다. 그것이 2000년도에 있었던 닷컴버블이다. 당시 같은 꿈을 먹고 자랐던 시스코 시스템즈는 20년이 지났음에도 그때 주가의 반토막 근처에서 움직이는 중이다. 최근 몇 년간 많이 올라서 이 정도이다. 나는 이 회사에 대해서 잘 알지 못하지만, 그때도 지금도 좋은 회사일 것이다. 2000년에는 좋은 회사였지만, 좋은 주가는 아니었을 뿐이다.

해외 주식투자가 나쁘다는 이야기가 아니다. 지속적으로 성장하고 기업 가치 대비 낮은 주가를 가진 기업에 투자한다면 많은 수익을 얻을 수 있을 것이다. 국내에도 그런 가치를 지닌 기업이 있을 것이다. 하지만 국내 기업도 찾지 못하는 상황에서 이미 주가가 많이 오른 종목에 몰빵하는 투자는 매우 위험하다.

● 주가가 곤두박질쳐도 배당주는 과연 무사할까?

배당주를 생각하면 가장 먼저 떠오르는 것은 캐시플로Cash Flow다. 직장인이라면 매달 받는 월급이 우리 집의 캐시플로가 될 수 있다. 월급이 통장을 스쳐 지나간다는 말을 우스갯소리로 하지만 월급은 우리 가족이 입고 먹고 잠자는 등의 일상생활을 유지하는 데 없어서는 안 되는 돈이다. 나는 다른 말로 블러드 플로Blood flow, 혈류라고 부른다. '피 같은 내 돈'이라는 뜻에서다. 피가 돌며 내 몸을 움직이게 하듯 캐시플로가 집안의 경제 활동을 가능하게 해 준다. 그래서 회사에서 나오는 캐시플로는 매우 중요하다. 기업의 사업이 잘되어 흑자를 냄에도 불구하고 현금흐름상의 문제로 부도를 내는 흑자도산이 나지 않으려면 기업이든 가정이든 현금이 지속적으로 돌고 돌아야 한다. 그런 의미에서 나는 캐시플로를 블러드 플로처럼 여겨야 한다고 생각한다.

직장 은퇴 시기가 가까워진 사람들이 월급과는 다른 종류의 캐시플로를 만들고 싶어 한다. 월급이 들어오지 않더라도 다른 경로를 통해서 매달 월급과 같은 돈이 들어온다면 은퇴 후에도 우리 집의 경제 활동에는 아무런 문제가 발생하지 않기 때문이다. 미리 캐시플로를 준비하여 퇴사하려는 젊은 세대들도 많다. 따라서 사람들은 캐시플로의 원천으로 배당주에 관심을 둔다. 배당주 투자는 부동산투자에서 월세를 받는 것과 통하는 부분이 있다.

과거에 나는 월급 외로 다른 캐시플로를 일으키려고 지방 오피스텔에 투자한 적이 있다. 당시 경매로 낙찰을 받았고 거액의 대출도 가능하던 시기라 내 돈은 채 300만 원도 들이지 않았다. 월세에서 은행 대출이자를 제외하더라도 연간 120만 원은 수익으로 얻을 수 있었다. 연간 투자수익률로 보면 40퍼센트에 달하는 꽤 높은 수익률이었다. 하지만 2년 뒤 매도할 때 문제가 생겼다. 300만 원을 투자해서 연간 120만 원을 2년간 받아서 총 80퍼센트의 수익을 올렸지만, 오피스텔이 내가 매수했을 때의 가격보다 하락하여 500만 원을 손해 보고 팔게 된 것이다. 다달이 월세 덕분에 현금이 생겨서 좋았는데 가치 하락 때문에 결국에는 손실로 마무리한 투자가 되었다. 투자 자산에서 나오는 현금흐름도 중요하지만, 자산의 가치 상승이란 기본적 기준을 반드시 만족시켜야 한다는 것을 배웠다.

　배당주 투자를 할 때 첫 번째, 배당을 받아서 안정적으로 수입을 얻겠다는 것과 두 번째, 주가 상승 시에 차액을 얻겠다는 순서로 접근하는 게 일반적이다. 하지만 앞서 오피스텔 투자에서도 알 수 있듯이 순서가 바뀌어야 한다고 생각한다. 배당을 받아도 주가가 곤두박질하면 오히려 손해가 나기 때문이다. 사업을 잘해서 실적이 나고 실적이 주가에 반영이 되면 배당도 많이 주는 기업의 본질을 잊어서는 안 된다. 그것보다는 가치 상승을 하는 종목 중에서 배당을 많이 주는 종목을 고르는 방법이어야 한다. 배당만 많이 주는 종목을 골랐다가는 가치가 하락하는 낭패를 볼 수 있다.

　배당주 투자에 있어서 또 하나 고려해야 하는 것은 배당 축소이다. '배당컷'이라고도 부른다. 배당수익률은 주가 대비 배당금의 비율을 말하는데 예를 들어 현재 주가가 1,000원인 회사가 배당금을 100원을 준다면 배당수익률은 10퍼센트가 된다. 작년에 배당을 100원을 줬으니 올해도 줄 것이라 기대하고 내년에도, 그 후에도 영원히 그럴 것이라고 예상하고 투자를 진행하지만 현실은 다르다. 배당을 많이 주는 줄 알고 투자를 했는데 배당을 많이 안 준다는 것이다. 배당을 많이 줄 것이라는 믿음에 대한 배신을 했다는 뜻으로 '배당주의 배신'이라고도 한다. 그러나 엄밀히 말해 배신은 아니다. 회사의 실적이 떨어졌고 나쁜 실적 때문에 배당을 많이 못 주게 되는 상황이 됐을 뿐이다.

에너지기업 로열더치셸Shell도 2차 세계대전이 일어났던 1940년대 이후 처음으로 배당을 삭감했다. 원유가격이 낮게 형성되어 있고 대체에너지와 셰일오일까지 사업을 확장한 까닭에 어려움을 겪은 것이 배당 삭감으로 이어졌다. 하지만 앞으로 다시 경기가 좋아지고 사람들 이동이 증가하고 기계도 많이 가동해야 하는 시점이 오면 다시 배당과 주가가 상승하는 시기가 올 것이다. 하지만 배당'만' 바라보는 투자는 지양해야 한다.

그림 3-9는 대표적인 배당주인 엑슨모빌ExonMobil의 주가이다. 한때 세계 시가총액 1위를 여러 번 했던 위대한 기업이다. 하지만 2020년 8월, 92년 만에 다우지수에서도 퇴출됐다. 이는 원유시장의 어려움을 그대로 반영한다고 볼 수 있다. 만약 내가 배당주로 유명한 엑슨모빌을 2014년에 샀다면 2020년 10월까지 6년째 주가의 하락을 앉

그림 3-9 | **엑슨모빌 주가**

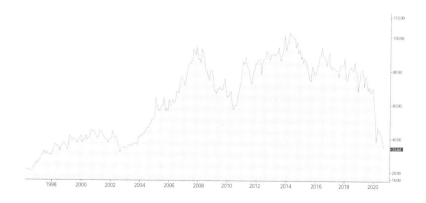

아서 당하기만 했을 것이다. 급기야 2020년 10월에는 3분의 1토막이 났다. 아무리 배당금을 줘도 쓰라린 마음이 달래지지는 않을 것이다. 배당주라서 투자하기 전에 기업의 원래 목적인 이익을 어떻게 내고 있으며 앞으로 어떻게 낼지에 대한 판단이 우선이다. 역설적으로 나는 2020년의 엑슨모빌을 좋은 종목이라고 여겼다. 경기는 늘 순환하기 마련이고, 경기 순환의 중심에는 언제나 에너지가 있기 때문이다. 배당주에 배신 당하지 않으려면 배당을 많이 주는 주식보다 돈을 잘 벌고 있고 배당까지 주는 주식을 선택해야 한다.

● 그렇다면 1등 주식은 괜찮을까?

국내 투자자들이 많이 투자한 종목은 단언컨대, 삼성전자이다. 예전부터 삼성전자는 개인투자자들이 선호하는 종목이었는데, 동학개미운동을 기점으로 더 늘었다. 아마도 오랜 시간 국내 시가총액 1위를 차지하고 있고 매출액이 어느 기업보다도 크며, 반도체 치킨게임*에서 살아남아서 반도체로 얻을 수 있는 수익도 안정적이라는 이유일 것이다. 또 그간의 투자 수익률이 나쁘지 않은 것도 한몫했다.

2020년 주식예탁금이 60조 원을 넘었고, 2021년 1월 한때 70조 원

● **치킨게임**: 두 명이 경기를 할 때, 한 명이 포기해야만 경기가 끝나는 게임이다. 주로 마주보고 달리는 자동차 게임으로 영화에 등장한다. 산업계에서는 '반도체 치킨게임'이 유명하다. 천문학적인 적자를 보면서도 반도체를 싸게 팔아서 상대 기업이 망하도록 한 경쟁이다. 이 경쟁에서 이긴 기업들은 독점적 지위로 이익을 누리게 된다.

을 초과했다. 역대 최고의 주식예탁금이 쌓여 있다. 기존에 투자를 하지 않던 사람이 증권계좌를 새로 개설하고 자금을 넣었다. 삼성전 자 주식을 사려면 삼성증권에 계좌를 개설해야 하냐는 질문을 하고 삼성증권에 가서 계좌를 개설했다는 이야기도 흔하게 떠돌았다. 이 런 초보 투자자들은 많은 경우 주위에서 누가 좋다더라 하는 '묻지마 투자'를 하거나 아니면 누구나 들어도 알 만한 회사의 주식만 매수한 다. '이름 있는' 주식들은 안전하고 수익도 안겨 줄 것이라는 기대를 주기 때문이다. 과연 그럴까?

코카콜라는 워런 버핏이 사랑한 주식으로 유명하다. 전 세계적인 인지도면에서도 압도적이다. 워런 버핏을 따라서 투자 했다면 결과 는 어땠을까?

그림 3-10은 코카콜라 주가이다. 내가 축복받은 투자자라면 1989년 부터 1997년까지 투자하여 많은 수익을 얻었을 것이다. 그게 아니라

그림 3-10 **코카콜라 주가**

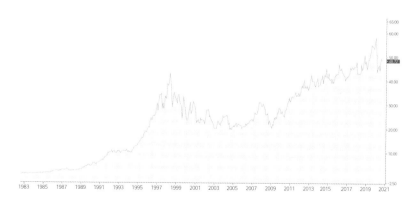

1998년에 투자를 했다면 15년이 지난 2013년이 되어서야 원금이 회복되는 경험을 했을 것이다. 워런 버핏처럼 투자 기간이 50년 이상이고, 기업에 대한 평가를 할 수 있는 능력을 가진 사람이라면 15년은 기다릴 수 있을 만한 시간일지도 모르겠다. 하지만 보통의 투자자가 15년이란 시간을 기다리기란 불가능에 가깝다. 총 투자 기간이 15년인 사람도 주위에서 찾아보기 어려운데 원금 회복까지 걸리는 시간이 15년이라니!

그림 3-11은 삼성전자 주가를 나타낸 것이다. 2000년대 초반부터 차트상 가장 최근 시점까지 우상향하는 것을 볼 수 있다. 그때 투자했다면 10배 정도의 수익을 얻을 수 있었다. 그러나 삼성전자도 지속적으로 오르기만 한 것은 아니다. 2000년대 중후반 그리고 2010년대 초반에서 중반까지는 오르락내리락하면서 일정 구간에서 움직였고, 가장 최근 시점까지도 그런 상황을 막 지나는 시기로 볼 수 있다. 이렇듯 몇 년간의 횡보 또는 하락 구간은 언제든지 있을 수 있다

지난 20년간의 투자를 평가한다면 삼성전자 주식에 투자한 것은 성공적이라 말할 수 있다. 이 말은 해외 주식투자 1위 종목에 그때 투자했더라면 지금쯤 어마어마한 수익을 냈다는 뜻과 마찬가지이다. 미국은 2000년대에 들어서 시가총액 1위 기업이 여러 번 바뀐 반면, 한국은 삼성전자가 20년째 부동의 1위를 차지하고 있다. 시간의 흐름을 길게 놓고 봤을 때야 정말 쉬운 투자라 말할 수 있지만 하루하루 주가를 들여다보는 투자자가 하나의 기업에 오랫동안 투자한다는 것은 결코 쉽지 않다.

그림 3-11 삼성전자 주가

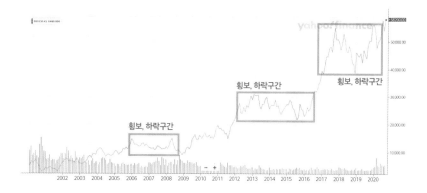

나는 잠시 삼성전자에 다녔고, 자회사에서 오랜 시간 근무했다. 그래서 주변에 우리사주형태로 삼성전자 주식을 가지고 있는 사람이 아주 많았다. 하지만 그 수익을 오롯이 가져간 사람은 거의 없다. 나역시 매도 당시에는 수익이 났다고 생각했지만 지나고 나니 큰 수익이 나기 전에 다 팔아버리는 실수를 범한 것처럼 되었다. 이렇듯 기업에 대한 적절한 평가를 하지 못한 상황에서 1등이라는 이름값만 믿고 투자하는 것은 매우 힘들고 실패로 끝날 가능성이 높다.

많은 돈을 아이들에게 줄 수 있다면 얼마나 좋을까? 하지만 그렇게 할 수 있는 엄마·아빠는 흔치 않다. 그러나 미리미리 준비한다면 가능할 수 있다. 적은 돈으로 일찍부터 투자를 시작하는 것이다. PART 2에서는 복리의 마법 같은 효과를 확인해 보고, 투자 실천 전략을 실행하기 전에 먼저 이루어져야 할 계좌 개설과 증여 방법에 대해서 알아본다.

PART

2

바로 시작할 수 있는
우리 아이
부자 만들기 프로젝트

우리 아이 부자로 만드는
마법의 열쇠
: 복리와 시간

아이가 자랄 때 최대한 많은 것을 누렸으면 하는 마음은 어느 부모나 마찬가지이다. 아이들이 컸을 때 도움을 줄 수 있으면 하고 바라는 마음도 마찬가지이다. 하지만 교육비와 양육비, 생활비까지 생각한다면 아이들을 위한 목돈을 마련하는 것이 여간 어려운 일이 아니다. 그렇지만 시간에 기대어 큰 금액이 아니더라도 조금씩 모은다면 나중에 우리 아이가 사회에 진출할 즈음에는 투자금도 그만큼 불어있을 것이다. 워런 버핏은 다음과 같은 말로 장기투자의 중요성을 강조했다.

"인생은 눈덩이와 같다. 중요한 것은 젖은 눈과 긴 언덕을 찾는 것이다."

- 워런 버핏

● 땅 부자 이야기에서 깨달은 것

부동산투자와 관련해 널리 알려진 일화가 있다. 대구의 어느 법무사가 1억 원으로 법원 근처 땅을 사려고 했다가 단 몇 평밖에 살 수 없다는 것을 알고 같은 돈으로 외곽에 넓은 땅을 싸게 사놓은 것이 30년 후 1,000억 원이 되었다는 이야기, 그리고 영종도 시골 버스 기사가 춘궁기에 힘든 농민들에게 돈을 빌려줬다가 어쩔 수 없이 땅으로 돌려받아서 땅을 많이 소유하게 되었고 1980~1990년대 개발이 진행되면서 가격이 200배가 올라 부자가 되었다는 이야기이다.

그림 4-1은 시간에 따른 전국 토지가격의 변화를 나타내었다. 한국은행에서 밝힌 전국 땅값을 살펴보면 1964년 1조 7000억 원에서 2015년 기준 약 6600조 원으로 대략 4,000배나 상승했다. 이 같은 자료로 미루어 보니 앞서 오랜 기간 땅에 투자해서 대박이 났다는 얘기를 근거없이 만들어낸 것은 아니다. 도시 개발 과정에서 토지가 수용되며 보상금이 많아져서 벼락부자가 되었다는 말도 마찬가지이다. 토지 수용금으로 외곽에 땅을 더 샀고 이후에 그 땅 역시 수용되어 더 대박이 터졌다는 이야기도 흔하다.

내가 사는 경기도 지역도 그런 경우가 많다. 최근 몇 년 사이에 아

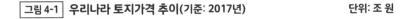

그림 4-1 **우리나라 토지가격 추이(기준: 2017년)**　　　　단위: 조 원

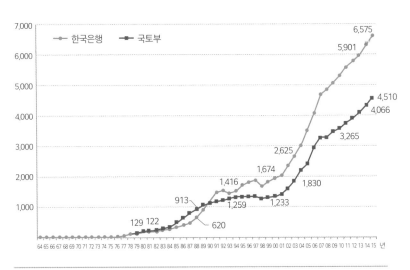

자료: 한국은행, 우리나라의 토지자산 장기 시계열 추정

파트 단지가 확장되면서 논밭이었던 곳이 아파트로 변했다. 개발은 아직도 진행 중이다. 우리 아파트 단지에 사시는 노부부도 오래 전부터 가지고 있던 집 근처의 땅이 수용되어 보상금을 받았다. 보상금으로 아파트와 건물을 매입하였고 건물의 1층에서 아들이 장사를 할 수 있도록 도와주었다.

앞선 사례들을 통해 밝히고 싶은 것이 "역시 땅이 최고야!"는 아니다. 그들은 시간이 지남에 따라서 지속적으로 상승하는 자산에 장기 투자했다는 점을 강조하고 싶다. 상승률이 아주 큰 투자 상품에 투자했다는 점이 차이가 날 뿐, 시간과 인플레이션을 활용하여 가장 효율적인 방법으로 자산을 늘렸다.

흔히 부동산을 인플레이션 자산이라고 한다. 인플레이션이 발생하면 가격이 상승하는 자산이라는 뜻이다. 1970~1980년대의 산업화는 GDP 상승, 인플레이션 발생, 자산 가격 상승이라는 효과로 나타났다. 적은 금액으로 땅을 사놓으면 시간의 흐름으로 인하여 그 땅의 가격이 크게 올랐다. 매입할 당시에 투자 금액이 낮은 가격은 아니었겠지만 이후 매도 시점에서 판단했을 때 매수한 금액은 아주 적은 금액처럼 느껴진다. 지속적으로 상승하는 자산에 시간이 더해지면 큰 자산으로 돌아온다는 메커니즘을 여기서 확인할 수 있다. 땅 부자 이야기로부터 나는 시간이 투자에 어떻게 작용하는지를 깨달았다.

친구가 강남 가면 배가 아프다

우리나라의 대표적인 주거형태는 아파트이다. 주거용이나 투자처로서 아파트에 대한 관심은 매우 높다. 그중에서도 '강남아파트'는 전 국민의 관심사가 된 지 오래다. 저녁 뉴스에 강남아파트 가격이 자주 언급되는 것은 그만큼 많은 관심이 쏠려있다는 뜻과 같기 때문이다. 교육이나 생활에 필요한 주변환경이 편리하게 조성되어 있어 누구나 살고 싶어 한다. 강남아파트 중에서도 '은마아파트'에 대한 관심은 특히 더하다. 은마아파트가 위치한 대치동이 교육열이 가장 높은 곳이어서가 아닐까 싶다.

1979년 12월에 입주를 시작했던 은마아파트의 당시 평당 분양가는 68만 원이었다. 2020년 기준 은마아파트의 평당 가격은 7000만 원을 넘어섰다. 분양할 때보다 100배 상승한 금액이다. 2017년 기준으로 서울의 아파트 가격은 30년간 강남은 60배, 강북은 28배 올랐니. 2021년 기준에서는 더 올랐다. 은마아파트 가격이 100배 상승한 것이 특별한 경우가 아니라는 뜻이다.

몇 해 전 큰애와 친하게 지내던 친구가 서울로 이사를 간다는 얘기를 했다. 큰애 친구의 할아버지가 자식 3명을 위해서 옛날 강남에 아파트 3채를 샀는데, 그중 한 채를 큰애 친구 아빠에게 증여했고 재건축으로 새 아파트가 다 지어져 주거를 옮긴다는 것이었다. 배가 아팠다. 만약 30년 전에 부동산을 매수했다면 60배에 달하는 가격이 상승했을 것이기 때문이다. 여기서 내가 배운 것은 할아버지의 안목이 아니다. 미리미리 준비를 해야 한다는 점이었다. 이젠 우리가 큰애 친구의 할아버지 역할을 할 차례이다. 우리 아이나 멀게는 손자가 받을 선물을 준비하는 것이다. 그렇다고 당장 강남에 아파트 3채를 사자는 건 아니다. 우상향하는 자산에 지속적으로 투자하여 결과물을 선물하면 된다.

● 복리와 시간이라는 '절대반지'

영화 '반지의 제왕'에는 '절대반지'가 나온다. 이야기 속 다양한 반지들을 압도하는 막강한 힘을 가진 반지 아이템의 끝판왕이다. 우리 아이에게 종잣돈이 되었든 아파트가 되었든 부를 증여하기 위해서는 복리와 시간을 같이 움직여야 한다. 복리와 시간이 부를 가져오는 강력한 힘을 가진 '절대반지'인 셈이다.

이자에는 단리와 복리가 있다. 1000만 원을 저축했을 때 연간 4퍼센트 이자를 주는 단리 상품이라면 3년 후에는 12퍼센트 이자가 붙은 1120만 원을 받게 된다. 이와 달리 복리는 원금뿐만 아니라 이자가 합쳐진 금액에 이자가 붙는 것을 말한다. 예를 들어 1000만 원에 연간 4퍼센트 이자를 주는 복리 상품이라면 첫해는 1040만 원이 되고 두 번째 해에는 1040만 원에 다시 4퍼센트의 이자가 붙는 방식이다. 3년 후에는 1125만 원이 된다.

주식도 복리로 움직이는 자산이다. 주식을 사고 나서 팔지 않으면 보유 기간의 수익이 재투자되면서 거기에 다시 수익이 붙는다. 앞서 예시에서 살펴본 단리, 복리의 차이는 기간이 짧고 수익률이 낮게 측정되어 효과를 체감하기 어려웠다. 그렇다면 2000만원의 종잣돈으로 연간 20퍼센트의 수익을 지속해서 거둘수 있다면 어떻게 변할까?

그림 4-2는 초기 투자비용 2000만 원을 연간 20퍼센트의 수익률로 30년간 투자했을 경우를 나타낸 것이다. 단리와 복리로 인한 투자 성과(금액)를 비교하였다. 종잣돈 2000만 원이 연간 복리 수익 20퍼센트로 30년이 지나면 47억 5000만 원이 된다. 반면, 단리 20퍼센트로 30년이 지나면 2000만 원은 1억 4000만 원이 된다. 46억 1000만 원의 차이, 이는 복리의 힘이다. 그래프에서도 확인할 수 있듯이 투자 후 10년이 지날 때까지는 확인이 어려울 만큼 큰 차이를 보이지 않는다. 그러나 이후에는 기하급수적으로 차이가 늘어난다. 그래프를 확장하여 30년 이상으로 길게 보면 어떻게 될까? 비교할 수 없을 만큼 차이

그림 4-2 | 종잣돈 2000만 원으로 살펴본 단리 vs. 복리

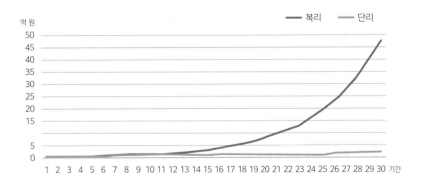

가 벌어진다. 1억 4000만 원과 47억 5000만 원이 있다. 어떤 걸 선택해야 할지는 이미 정해졌다.

우상향하는 자산에 복리로 오랜 시간 투자를 유지한다면 아이의 미래를 바꿀 수 있는 절대반지를 얻을 수 있다.

'절대 반지' 얻는 법

1. 우상향하는 자산에 투자할 것
2. 복리 효과를 누릴 수 있는 자산에 투자할 것
3. 가능한 빨리 시작할 것
4. 오래 유지할 것

● **간단한 복리 계산법 72 법칙**

복리를 간단하게 계산하는 방법이 있다. 72법칙을 이용하면 N퍼센트의 이자를 받아 원금을 합쳐 2배가 되기까지 걸리는 시간을 계산할 수 있다.

반대로 M년 안에 원금의 2배가 되려면 몇 퍼센트 수익률에 도달해야 하는가를 계산할 수도 있다.

예를 들어 복리로 9퍼센트의 수익을 얻을 수 있는 상품이 원금의 2배가 되려면 몇 년이 걸릴까?

72 ÷ 9% = 8년

8년 뒤면 원금의 2배가 된다. 8년 만에 원금이 두 배가 되려면 연간 수익률이 복리 9퍼센트가 되어야 한다.

72 법칙은 투자에서 유용하게 사용할 수 있는 방법이다. 꼭 기억하는 것이 좋다.

32조 달러를 날린 맨해튼 인디언

세월이 지나 가치를 따졌더니 땅을 헐값에 팔아 넘긴 셈이 됐다는 에피소드가 많다. 가장 유명한 땅은 미국이 당시 러시아로부터 매입한 알래스카Alaska이다. 1867년 미국이 재정적 어려움에 처한 러시아로부터 160만 제곱킬로미터에 달하는 땅을 720만 달러(현재가 17억 달러)에 매입한 일이다. 당시 미국 내에서도 알래스카 매입에 대해서 부정적인 시각들이 많았다는데, 바로 척박한 땅과 추운 날씨 때문이었다. 하지만 시간이 지나자 탁월한 계약으로 찬사를 받게 된다. 1950년대에 석유 탐사 붐이 일었고 1968년 알래스카에서 대형 유전이 발견되면서 일명 '대박'이 터졌기 때문이다. 1997년, 9년에 걸친 송유관 건설이 끝나고 현재는 관광과 석유 수입으로 미국 내에서 부유한 주州 중 하나로 자리 잡았다.

알래스카와 더불어 많이 언급되는 곳이 맨해튼Manhattan이다. 미국 뉴욕시에 위치한 섬으로 증권거래소가 있는 월가Wall街와 엠파이어스테이트빌딩Empire State Building이 있는 상업지역을 포함하여 여러 문화 및 교육시설까지 집중되어 있는 미국 경제의 심장과도 같은 곳이다. 중요 지역 중의 중요 지역인 셈이다.

1626년 네덜란드 식민지 개척자들은 아메리카 대륙의 인디언들로부터 단돈 24달러에 섬을 사들였다. 인디언들은 세상에서 가장 어리석은 거래를 했다고 평가받는다. 세월이 흘러 이렇게까지 개발되고 보니 어리석었다는 얘기이다. 1989년 투자의 대가 피터 린치Peter Lynch

는 이 거래에 대해서 복리를 이용한 또 다른 관점을 제시하였다. 당시 24달러를 받은 인디언이 연 8퍼센트의 복리로 363년(1626~1989년)간 투자금을 운용했다면 금액은 32조 달러가 넘는다고 밝힌 것이다.

한국은행은 2015년 기준 한국 토지 총금액을 6600조 원으로 예상했었다. 약 6조 달러에 해당하는 금액이다. 맨해튼을 판 인디언은 대한민국을 5개 사고도 남는 돈을 손에 쥐었을 것이다. 1989년 기준으로 32조 달러이니 2020년까지 연간 8퍼센트 수익으로 계산하면 354조 달러에 달한다. 이 금액은 미국, 일본, 중국 등 주요국 부동산 전체를 사고도 남는 금액이다.

$$\$24 \times (1 + 0.08(8\%))^{394년} = \$\,354{,}136{,}673{,}534{,}657$$

인디언이 복리의 힘을 알고 있었다면, 어리석은 계약이 아니라 세상에서 가장 위대한 거래를 할 수 있었을까.

● 하루아침에 10경 달러를 벌어들인 사람

고대 중국의 어느 황제가 장기 두는 것에 푹 빠져 장기를 발명한 자에게 원하는 상을 내리겠다고 했다. 현명한 자는 소원을 말했다. 장기판 첫 칸에는 쌀 한 톨, 두 번째 칸에는 쌀 두 톨, 세 번째 칸에는 쌀 네 톨 이렇게 배수로 증가하는 양을 장기판에 채워 달라고 간청했고 황제는 망설임 없이 선물을 하사했다. 결과는 어떻게 되었을까? 먼저 장기판 모양을 보자.

그림 4-3 **장기판**

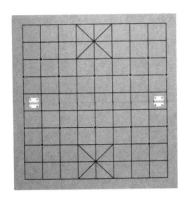

장기판은 가로 8칸, 세로 9칸, 총 72칸으로 되어 있다. 2의 배수로 증가하는 횟수는 71번이 된다.

표 4-1 **장기판에 쌓이는 쌀의 양**

첫 번째 칸	1톨
두 번째 칸	2톨
세 번째 칸	4톨
열 번째 칸	512톨
마지막 칸	2,361,183,241,434,820,000,000톨

표 4-1에서도 확인할 수 있듯이 숫자를 세지 못할 정도로 쌀이 늘어난다. 이제 돈으로 환산해 보자.

1톨을 0.02그램으로 가정하고 80킬로그램을 한 가마니로 생각하면 한 가마니에는 400만 톨이 들어 있다.

표 4-2에서는 장기판 마지막 칸에 쌓아야 할 쌀을 현재 현재 가치로 따져 봤다. 우리가 실생활에서 사용하는 숫자 범위를 훨씬 넘어선다. 80킬로그램을 한 가마니로 치면 590조 가마니이며, 1해 1800경 원, 달러로 환산하면 10경 달러에 이른다. 앞서 맨해튼 인디언이 약 400년간 이룬 금액이 겨우 354조 달러'밖에' 되지 않는 결과를 만든다. 중국의 이 현명한 자는 하루아침에 10경 달러를 벌어들인 것이다.

📟 표 4-2 장기판 쌀을 돈으로 환산한다면!

2,361,183,241,434,820,000,000	톨
590,295,810,358,706	가마(1가마=80kg=4,000,000톨) 590조 가마
118,059,162,071,741,000,000	원(1가마≒20만 원 일 때) 1해 1800경 원
107,326,510,974,310,000	달러(1,100원/달러 일 때) 10경 달러

두 개의 에피소드에서 살펴봤듯이 시작은 보잘 것 없는 아주 작은 것이었다. 하지만 복리의 힘을 활용하면 결과를 얼마나 위대하게 변화시킬 수 있는지 보여준다. 워런 버핏의 연평균 수익률을 따라 연간 20퍼센트의 이익을 남길 수 있다면 우리도, 우리의 자녀도 세계 최고의 부자가 될 수 있다는 이야기이다. 몇 십배의 수익 같은 뜬구름 잡는 말에 현혹되지 말고 비록 투자 금액이 적고, 낮을 수익률을 보일지

라도 꾸준한 성과를 낼 수 있는 곳에 투자하자. 복리에서 얻을 수 있는 수익을 모두 나와 우리 아이의 몫으로 만들 수 있다.

● 아이의 미래를 바꿀 종잣돈의 힘

아이들 대학 졸업까지 소요되는 비용이 4억 원에 육박한다는 뉴스가 나온 것이 2017년 일이다.

이 비용 역시 시간이 지나면서 점점 더 증가하는 추세이다. 이 중에서 대학입시를 위한 사교육비와 대학등록금이 많은 부분을 차지한다. 2007년 정치권 공약으로 반값등록금이 거론된 이후 2011년에는 본격적으로 관련 집회가 시작되는 등 대학 등록금 인하에 대한 요구가 높아졌다. '반값등록금 운동'이 있었고 정책에 일부 반영되기도 했다. 그러나 여전히 학자금 대출을 받는 학생은 전체의 14퍼센트에 달하며 그 인원도 46만 명에 이른다.

대출을 받아서 대학을 졸업하지만 취업도 어려운 것이 현실이다. 취업한다고 해도 학자금 대출을 상환해야 한다면 저축은 꿈도 꾸지 못한다. 2019년 기준으로 체납자마저 1만 7,000명 명에 달하고, 신용불량자도 1만여 명에 이른다. 갓 사회에 나와서 열심히 일을 하며 미래에 대한 계획을 세우고 실행해 나가야 하는 시기에 학자금 대출이라는 큰 걸림돌을 만나고 그로 인해서 꿈마저 꺾이는 안타까운 상황까지 발생하고 있다. 만약 이럴 때 학자금 대출을 상환할 돈이 있다

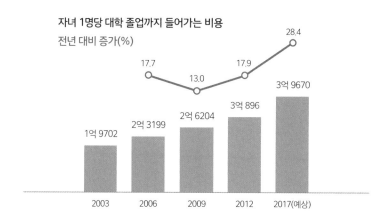

| 그림 4-4 | 자녀 1인당 양육 비용 | 단위: 만 원 |

자녀 1명당 대학 졸업까지 들어가는 비용

전년 대비 증가(%)

17.7 13.0 17.9 28.4

1억 9702 2억 3199 2억 6204 3억 896 3억 9670

2003 2006 2009 2012 2017(예상)

자료: 한국보건사회원구원, NH투자증권 100세시대연구소

거나, 투자를 위한 종잣돈이 마련되어 있다거나, 작은 사업을 실행할 수 있는 사업자금을 일부 가지고 있다면 얼마나 좋을까?

큰애가 어릴 때 블록 만들기를 좋아했다. 집 근처에 블록을 마음대로 가지고 놀 수 있고 수업도 하는 일명 '블록방'이라 불리는 곳이 있었다. 주말에 아빠 노릇을 한다고 큰애를 데리고 블록방을 자주 다녔다. 동네 꼬맹이들의 인기를 독차지하던 곳이었는데 사장님이 무척 어려 보였던 기억이 난다. 이제 막 대학을 졸업한 것처럼 보여서 어린 나이에 어떻게 창업을 할 수 있었는지 궁금했다. 아주머니 두 분이 공동으로 운영하던 어떤 점포였는데 장사는 잘되었지만 두 사람의 사이가 틀어져서 가게를 접었다고 했다. 그래서 매물로 나온 것을 계약했다는 전말을 들을 수 있었다. 권리금을 포함하여 창업에 드는 비용이 갓 사회에 진출한 젊은 사람이 부담하기에는 큰돈이었는데 부모님 도움을 받았기에 가능했다고 말해 주었다. 살면서 우리 아이에게도 이런 기회가 생겼을 때 블록방 사장님의 부모님처럼 창업을 지원해 줄 금전적인 준비가 되어 있다면, 훨씬 도움이 될 것이다.

요즘은 반짝이는 아이디어를 가지고 1~2인의 구성원으로 스타트업start-up*을 하는 2030 세대가 늘었다. 코로나19로 비대면 사회가 되면서 스마트폰과 소셜 미디어를 활용한 스타트업이 활발하고 앞으로도 이 형세가 수그러질 것 같지는 않다. 미국의 유명한 회사들을 보면 초창기에 부모님 집의 차고에서 창업을 하는 경우가 많았다. 휴렛 패커드Hewlett-Packard Company를 비롯하여 마이크로 소프트, 애플까지 위대한 기업의 시작은 모두 작은 차고에서부터였다. 어떤 형태로든 지원해 줄 수 있다면 좋을 것이다. 창업 공간을 마련한다든지 아니면 그와 유사한 비용으로 경제적인 지원해 준다면 우리 아이가 창업한 회사가 글로벌 초일류 기업으로 성장할 지도 모를 일이다.

매년 입사한 신입 직원들이 근처에 방을 얻어 생활하는 경우가 많았다. 이때 월세인지, 전세인지 여부가 취업 후 돈을 모으는 데 있어서 생각보다 큰 부분을 차지한다. 전세를 구한다면 매달 월급에서 나가는 돈이 크지 않을 것이다. 하지만 월세를 구하게 되면 아무리 적게 줘도 30만 원 이상은 내야 할 것이고 지역에 따라 더 필요할 수도 있다. 이렇게 되면 사회 초년생 월급으로 저축을 한다는 것은 불가능

● **스타트업**: 미국 실리콘 밸리에서 시작된 말로 신생 벤처 기업을 의미한다.

에 가깝다.

만약 전세는 1억 원이고 보증금 1000만 원에 월세가 50만 원이라고 한다면, 매달 내는 50만 원을 절약하기 위해서 전세로 바꾸려면 9000만 원을 모아야 한다. 월급에서 고정 생활비를 제외하고 적어도 100만 원이 남아야 월세 50만원을 제외하고 남은 50만 원이라도 저축할 수 있다. 저축을 하더라도 9000만 원을 모으려면 15년이 걸린다. 그러나 15년 뒤에 전세 가격이 지금의 1억 원에 머물러 있을지 장담할 수 없다. 끝나지 않는 경주를 지속해야 하는 함정에 빠진 느낌이 들 것이다. 죽을 힘을 다해서 결승선에 도착했는데, 결승선이 다시 저 멀리 가 있는 상황인 것이다. 종잣돈을 모을 수 있는 시간은 늦춰지고 결혼이나 미래 계획도 수정된다.

미리 마련된 전세자금이 있다면 수월하게 사회생활을 시작할 수 있을 것이다. 이러저러한 상황을 대비해 아이가 어렸을 때부터 조금씩 모아둔 종잣돈이 있다면 큰 도움이 될 것이다. 계획했던 곳에 쓸 수도 있고, 투자금으로 사용할 수도 있고, 앞서 얘기한 것과 같이 전세자금으로 활용하여 월세를 아껴서 저축도 해 나갈 수 있을 것이다. 사회 초년생이 될 우리 아이에게 모아준 종잣돈은 자신의 미래를 준비할 수 있는 디딤돌 역할을 할 것이다.

🔴 알맹이는 합리적, 실천은 초간단! 실속 있는 투자 전략

앞서 복리와 시간의 힘을 빌려서 적은 돈을 큰돈으로 만들어야 한다는 얘기를 했다. 그러려면 우상향하는 자산 또는 자산군에 장기 투자를 한다는 원칙이 반드시 지켜져야 한다.

투자에 필요한 자산 배분 전략을 공부하면서 중요하게 생각한 부분은 '내가 투자하려는 전략의 장단점에 대해서 적확하게 이해하고 있는가?'와 '실제 투자할 때 초보자도 따라 할 수 있을 정도로 쉬운가?'였다. 이해하지 못하고 무턱대고 좇아간다면 결과는 뻔하기 때문이다. 이 기준은 전문가의 추천 종목에 투자할 때도 똑같이 적용할 수 있다. 대부분의 사람이 전문가의 수익은 어디에서 나오는지, 나의 수익과 그들의 수익이 어떤 관계가 있는지 등을 따지지 않고 상품에 가입한다. 전문가의 수익과 나의 수익은 관계가 없고, 내가 손해를 보더라도 운용비 명목으로 무조건 비용을 지불해야 하는 것까지 생각하지 않는다. 인센티브 시스템의 구조가 어떻게 작동하는지도 모르는 채 투자를 한다면 기다리고 있는 것은 손실뿐이다. 남들을 따라 유행하는 것에 투자하여도 결과는 같다. 투자 전략이 합리적이면 내용을 이해하고 실행으로 옮기는 것에 어려움이 없다. 나는 과거 백테스트Backtest* 결과와 각 투자 전략에서 사용하는 가정이 내가 납득할 만한 수준인가를 중요하게 생각했다.

또 한 가지, 실제 투자 과정이 복잡하다면 소용이 없다. 전략을 계산하거나 내용을 확인할 때 너무 많은 시간이 필요하거나 어려우면 투자에 큰 걸림돌이 된다. 회사 업무로, 집안일로, 아이들 챙기는 것으로 이미 쫓기듯 생활하면서 투자에까지 많은 시간이 소요된다면 또 다른 부담이다. 1장에서 후배에게 추천했던 퀀트* 전략도 많은 시간을 요구하는 것은 아니었다. 재무제표에서 관련 인자를 뽑아서 계산만 하면 되었지만 그런 시간을 마련하는 것마저도 쉽지 않다. 그래서 이 두 가지를 고려하여 실행하기에 적합한 기본 전략 3가지를 선정하였다. 표 4-3과 같다.

표 4-3 | 전략별 특징

전략	배경	실행 시간(예상)
전통적인 6040전략	전통적 자산 배분	1분 이내(1년)
올웨더 전략	사계절 투자 전략	10분 이내(1년)
가속 듀얼 모멘텀 전략	듀얼 모멘텀 업그레이드	3분 이내(3~4개월)

여기서 잠깐

● **백테스트(Backtest)**

전략에 대한 과거 실적을 과거의 수익률 기록에 따라서 계산해 보는 것을 의미한다.

지난 실적이 미래의 실적과 정확하게 일치한다고 말할 수는 없지만, 미래는 과거와 유사하게 될 것이라는 가정에서 전략 개발이 시작된다. 역사는 반복된다는 말과 일맥상통한다고 할 수 있다.

투자는 인간의 행동과 관련이 깊다. 인간의 사고와 행동은 대체적으로 과거와 비슷하다. 우리가 역사를 공부하는 것과 같다고 보면 된다.

과거의 데이터를 기반으로 수익과 리스크에 대해 알아보는 백테스트를 이용해 보자. 수익률을 판단할 때 간단하게 활용하면 좋으니 기억하자.

● **퀀트**: 수학적으로 계량화된 객관적 데이터를 기반으로 투자하는 방법을 말한다.

적은 돈으로 시작할 수 있는
확실한 투자 방법

우리 아이를 부자로 만들기 위해서는 하루라도 빨리 투자를 시작하는 것이 좋다. 당장 적은 돈으로 합리적이고 간단한 투자 전략에 장시간 투자하는 것이 곧 핵심이라 할 수 있다. 이번 5장에서는 전략을 수행하기 전에 준비해야 할 것을 알아보려고 한다. 자산 배분 전략, ETF 소개, 미성년 자녀에게 증여하는 법, 자녀의 증권계좌를 개설하는 방법 등이다. 자녀 명의로 계좌를 개설하고 자녀에게 증여한 이후에는 그 계좌에서 자산 배분 전략을 20년 이상 수행하는 것이다.

● 손실을 최소화할 수 있는 자산 배분 전략

투자에서 수익을 얻으려면 무엇보다 잃지 않는 것이 중요하다. 손실을 최소화할 수 있는 방법으로 분산투자를 이야기한다. 한 종목에 투자금을 몰빵하고 종목의 주가가 하락하면 손실을 고스란히 떠 앉고 만다. 그런 위험을 회피하고자 여러 종목으로 나누어서 투자하는 것이다. '분산투자'와 '자산 배분 전략'은 각각 다른 개념으로 구별이 필요하다.

'분산투자'는 삼성전자, 네이버, 포스코 등 다양한 기업의 주식에 투자하는 것이고, '자산 배분 전략'은 상관관계가 반대인 자산군에 투자하는 것이다. 투자의 수익은 대부분 분산투자가 아닌 자산 배분 전략에서 나온다. 대표적인 자산 배분 전략은 주식과 채권에 나누어서 투자하는 것이다. 언제나 두 자산이 반대로 움직이는 것은 아니지만 확

| 그림 5-1 | 음의 상관계수를 가진 자산군의 합 |

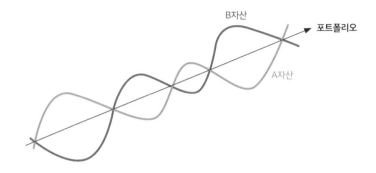

률상 많은 경우의 수로 두 자산은 반대로 움직인다.

그림 5-1은 음의 상관계수●를 가지는 자산군의 합을 나타낸 것이다. 두 자산이 상승과 하강을 반복하면서 우상향하는데 서로의 상관계수(6장 참고)가 음수라서 한 자산이 상승할 때 다른 자산은 하락하고 반대로도 상호작용을 하면서 결론적으로는 검은색 화살표 방향으로 우상향한다는 개념이다. 변동성은 줄어들고 자산은 상승하는 효과를 얻을 수 있다.

자산 배분 전략 중 수익은 극대화하면서 위험은 최소화하는 포트폴리오Portfolio■ 구성 과정을 설명하는 이론이 있다. 미국의 경제학자인 마코위츠Harry M. Markowitz가 발표한 '포트폴리오 이론▶'이다. 마코위

● **상관계수**: 두 개의 데이터 관계를 나타내는 수치이다. -1에서 +1까지의 값을 가지며 -1이면 두 데이터는 완전히 반대로 움직이고, +1이면 두 데이터는 완전히 똑같이 움직이는 것으로 해석할 수 있다.

■ **포트폴리오**: 투자 자산을 구성한다는 의미로, 투자 대상을 다양하게 분산하여 자금을 투입해 운용하는 것을 말한다.

▶ **포트폴리오 이론**: 위험 대비 수익을 극대화할 수 있도록 포트폴리오를 구성하는 방법론에 관해 설명한다. 미국의 경제학자 해리 마코위츠Harry M. Markowitz가 1952년 〈The Journal of Finance〉에 '포트폴리오 선택Portfolio Selection'이라는 논문을 발표하면서 알려졌다. '포트폴리오 선택 이론'이라고도 한다.

츠는 덕분에 노벨 경제학상까지 탔다. 그림 5-2는 포트폴리오 이론의 개념도를 나타낸다. A자산에 가진 돈 100퍼센트를 투자하면 위험도는 7퍼센트이고 기대 수익률은 1퍼센트이다. 하지만 A자산에 가진 돈의 70퍼센트를 투자하고 B자산에 남은 30퍼센트를 투자하면 위험도는 5퍼센트로 낮아지고 기대 수익률은 3퍼센트로 상승한다. 이렇게 위험 대비 수익률을 극대화하는 게 포트폴리오 이론이다. 여기서 A자산에 가진 돈 70퍼센트 이상을 투자하는 것은 어리석은 행위이다. 위험은 더 낮으면서 수익은 더 높은 구간이 존재하기 때문이다. A자산에 100 퍼센트 투자했을 때와 A자산에 60퍼센트를 투자하고 B자산에 40퍼센트를 투자했을 때 위험도는 똑같이 7퍼센트지만 기대 수익률은 1퍼센트에서 5.5퍼센트로 상승하는 경우가 이에 해당한다.

그림 5-2 | **포트폴리오 이론 개념도**

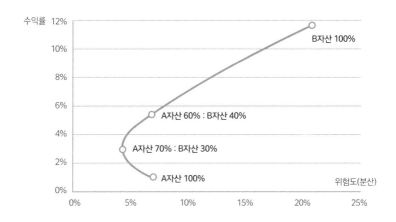

자산 배분 전략의 핵심은 음의 상관관계를 가진 자산군을 적절한 비율로 투자하면 위험도는 낮추고 수익률은 높일 수 있다는 것이다.

● ETF, 진짜 뭔가요?

이 책에서는 우리 아이를 위한 투자 전략으로 ETF를 이용하는 방법을 소개할 예정이다. 그렇다면 먼저 ETF가 무엇인지 알아볼 필요가 있다. ETFExchange Traded Fund는 상장지수펀드로 인덱스펀드를 거래소에 상장시켜 투자자들이 주식처럼 쉽고 편리하게 거래할 수 있도록 만든 상품이다. '펀드'는 매스컴에 여러 번 노출되어 우리에게 익숙하지만 그래도 한 번 더 개념을 짚고 넘어가려고 한다. 펀드Fund란 어떤 목적을 위해 모은 자금으로 자산운용사가 투자자들 대신 투자하는 것이다. 따라서 펀드는 여러 개의 주식을 묶어놓은 것으로 이해하면 쉽다. 어떤 펀드 상품에 가입하면 펀드 매니저는 다양한 주식(자산군)을 사고팔아서 수익을 얻는다.

KOSPI200을 예를 들어보자. KOSPI200(코스피200)은 우리나라를 대표하는 주식 200개 종목의 시가총액을 지수화한 것이다. 이 지수를 최초로 산정한 1990년 1월 3일의 지수와 비교했을 때 얼마만큼의 변동이 발생했는지를 보며 상승과 하락을 이야기한다. 200개 종목의 오르내림이 수익에 영향을 준다. 이 지수를 그대로 추종하는 ETF가 출시되어 있는데, 대표적으로 삼성자산운용의 KODEX200(코덱스200) ETF이다.

KOSPI200 같은 지수를 '인덱스'라고 한다. KOSPI200뿐만 아니라 다양한 인덱스가 존재한다. 코스닥 시장을 나타내는 지수도 있고, 반도체, 조선 등 섹터별 인덱스도 있다. 채권, 통화나 파생상품 등을 나타내는 다양한 지수가 존재한다. 따라서 인덱스펀드는 주가 지표의 변동과 동일하게 성과를 실현할 목적으로 구성된 포트폴리오를 말한다. 이 책에서는 미국의 산업분야와 관련된 지수를 추종하는 ETF를 다룰 예정인데, 국내에도 이미 해외지수를 추종하는 ETF가 다양하게 상장되어 있다.

ETF는 거래소에 상장되어 있기 때문에 보통 주식을 주문하듯이 거래하면 된다. 또한, 지수를 대표하는 종목을 모아 두었기 때문에 하나를 사도 여러 개 주식에 분산해서 투자하는 효과를 가질 수 있다. 만약 그림 5-3처럼 KODEX200을 매수했다면 KOSPI200지수를 추종하는 상품에 투자한 것이다. 이것은 국내 KOSPI200지수에 포함

그림 5-3 │ KODEX200 ETF

된 종목 여러 개에 투자하는 것과 같은 효과이다(시가총액별로 나열된 종목 중 어떤 것에 투자하는지, 얼마만큼의 비율로 투자하는지는 상품별로 다르다).

펀드 상품은 많은 수수료가 발생한다. ETF는 펀드지만 수수료가 저렴하다는 장점이 있다. 예시로 든 KODEX200의 연간 펀드 보수 수수료는 0.15퍼센트이다. 일반적인 펀드 수수료의 5분의 1에서 10분의 1인 수준이다. 수수료를 별도로 지불하지 않고 ETF 가격에 포함하고 있으므로 투자자는 신경 쓰지 않아도 된다. 다만 초기에 ETF를 선정할 때, 동일한 지수를 추종하는 ETF 중에서 거래량이 많고 운용 보수 수수료가 적은 ETF를 골라야 한다는 것은 반드시 기억하길 바란다.

책에서는 국내에 상장한 해외 ETF를 알아본다. 국내에 상장한 해외 ETF 상품이라는 말에서 짐작할 수 있듯이 해외 시장에도 동일한 형태의 ETF가 상장되어 있다. 따라서 우리가 살펴볼 것을 정리하면, '국내 상장 해외 ETF'와 '해외 상장 해외 ETF'이다. 그러기 전에 ETF에 부과되는 세금부터 살펴보자.

주주가 배당금을 받으면 배당액에 대한 세금이 부과된다. 이를 배당소득세라고 한다. ETF 역시 자산을 운용하면서 발생한 매매차익을 빼고 남은 수익을 주주에게 나눠준다. 바로 'ETF 분배금'이다. 쉽게 말해 배당금과 ETF 분배금은 비슷한 개념이다. 분배금에도 배당금처럼 세금이 부과된다.

표 5-1에서 볼 수 있듯이 분배금에 부과되는 세금은 15.4퍼센트로 모두 동일하다. 앞으로 우리가 다룰 전략은 국내 상장 해외 ETF인 '국내 기타 ETF'와 '해외 상장 ETF' 두 가지이다. 국내 주식형 ETF는 매

표 5-1 ETF 분배금별 세금

	매매차익에 대한 세금	분배금	금융소득 종합과세
국내 주식형 ETF	비과세	15.4%	대상 아님
국내 기타 ETF (국내 상장 해외 ETF)	15.4%	15.4%	대상 (2000만 원 이상)
해외 상장 ETF	양도소득세 22% 일괄과세 (손실상계® 가능)	15.4%	분리과세

매차익과 금융소득 종합과세 대상에서 제외된다는 장점이 있지만, 전체적으로 추구하는 전략과는 맞지 않는다.

국내 상장 해외 ETF는 매매차익에 대해서 15.4퍼센트의 세금이 부과되고 금융소득이 2000만 원 이상일 때는 금융소득 종합과세 대상이 된다(종합소득세에 합산되어 부과됨). 만약 직장인이라면 연말정산과 별개로 종합소득세 신고를 해야 한다. 기타소득과 합산하여 과세 구간에 따라 다른 세율이 적용된 세금을 납부한다.

반면 해외 상장 ETF는 매매차익에 대해 양도소득세 22퍼센트가 부과되지만, 연간 250만 원 기본공제를 받을 수 있고 손실상계가 가능한 것이 장점이다. 즉 1000만 원 이익을 보고 750만 원 손해를 봤다면 이를 계산하여 이익이 발생한 250만 원에 대한 세금만 납부한다. 이때 연간 250만 원은 기본공제액이므로 결과적으로 세금은 없다.

해외 상장 ETF는 손실상계의 장점을 극대화하기 위해서 연말에 손실이 발생한 종목을 매도하여 손실을 확정하고, 다시 매수한다. 그

● **손실상계**: 손실이 난 투자자들의 세금 부담을 덜어 주기 위해서 발생한 이익에서 손실한 부분을 차감(상계)하여 실제 수익이 발생한 순수 수익에 대해서만 세금을 무는 것을 말한다.

러면 이익에 대해서만 세금이 부과되므로 절세효과를 볼 수 있다. 양도소득세에 대해 22퍼센트의 높은 세율이 부과되는 대신 금융소득 종합과세 대상이 아닌 분리과세 대상이다.

따라서 금융소득이 2000만 원 이상을 넘어서기 전까지는 국내 상장 해외 ETF에 투자하고, 그 이상이 되면 해외 ETF로 옮기는 것이 하나의 방법이 될 수 있다. 금융소득이 증가하면, 즉 금융소득이 2000만 원을 넘으면 종합과세 대상이 되고 세율이 높아지기 때문이다.

양도세 부담을 덜고 환전의 번거로움이 없이 국내 상장 해외 ETF로 일정 기간 동안 투자를 하다가 해외 ETF로 변경을 할 것인지, 아니면 처음부터 양도세를 더 부담하더라도 동일하게 전략을 수행할 수 있는 해외 상장 ETF를 선택할지는 각자의 상황에 맞추어서 판단한다. 그러나 금액이 커지면 무조건 해외 ETF로 갈아타야 한다. 왜냐하면 해외 ETF는 단일세율이고 국내 상장 해외 ETF는 수익별 누적세율이기 때문이다.

● 미성년 비과세 구간 공략하기

목표는 적은 돈을 투자로 굴려서 아이가 성인이 되었을 때 목돈으로 내어 주는 것이다. 부모가 직접 투자로 큰돈을 만들어 증여할 경우 증여세를 내야 한다. 그러나 아이가 어릴 때 증여해서 돈이 불어나면 수익에 대한 증여세를 부담할 필요가 없다. 혜택을 극대화하기 위해선 아이가 어렸을 때 최대한 빨리 증여해서 아이 계좌에서 자산이 늘어나도록 해야 한다. 자녀가 미성년일 경우 10년간 2000만 원까지는 비과세 혜택을 받을 수 있다. 성인 자녀의 경우 5000만 원까지 비과세가 적용된다.

금전적으로 여유로운 부모는 아이가 태어나자마자 2000만 원, 10년 후 2000만 원, 성인이 되면 5000만 원을 전략적으로 증여하기도 한다.

이때 주의해야 할 부분은 '10살'이 아니라 '10년'이라는 기간이다. 증여하려는 시점을 기준으로 과거 10년을 돌아보고 그 안에 증여했던 금액을 합산해야 한다. 따라서 비과세 혜택을 받으려면 2가지를

표 5-2 | 증여 비과세 한도

수증자	증여자	비과세 한도
미성년	직계존속	2000만 원(10년)
성년	직계존속	5000만 원(10년)

그림 5-4 | 증여 시점

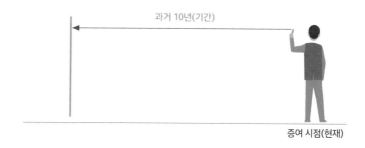

과거 10년(기간)

증여 시점(현재)

기억해야 한다. 비과세 대상 금액은 수증자(증여받는 사람) 기준이고, 비과세 적용 기간은 증여 시점에서 과거 10년이다.

예를 들어 미성년 자녀에게 1000만 원을 증여한다고 생각해보자. 미성년 자녀에게 증여할 때 비과세 한도가 2000만 원이기 때문에 현시점에 증여하는 1000만 원 전체 금액에 비과세가 적용될 수 있다고 생각해서는 안 된다. 지금으로부터 과거 10년간을 돌아봐야 한다.

지난 10년 동안 직계존속이 증여한 내역이 있다면 2000만 원 내에서 해당 내역을 차감하고 남은 금액에 비과세를 적용할 수 있고, 2000만 원을 초과한 금액은 과세 대상이다. 할아버지가 2000만 원, 할머니가 2000만 원, 아빠가 2000만 원, 엄마가 2000만 원을 증여했을 때, 각 2000만 원에 비과세가 적용되는 것이 아니라 아이가 받은 총액에서 2000만 원까지만 비과세 대상에 포함된다.

아이가 성인이 되고 이루어지는 증여도 주의해야 한다. 성인에게 증여할 때 비과세 적용은 5000만 원까지 가능하다. 성인이 되자마자 5000만 원을 증여한다고 해서 5000만 원 전체 금액에 비과세가 적용되지 않는다. 마찬가지로 그 시점에서 과거 10년을 돌아봐야 한다. 만약 5년 전 미성년일 때 2000만 원을 비과세로 증여받았다면 10년 이내에 해당하는 것이므로 성인 비과세 한도 5000만 원에서 5년 전 증여받은 2000만 원을 제외한 3000만 원만 비과세를 적용받을 수 있다. 그러므로 증여 예상 시점에 아이가 성년인지 미성년인지만 확인하면 10년간 총 비과세 금액을 계산할 수 있다.

증여의 키포인트는 빨리할수록 유리하다는 것이다. 아이가 태어

낳을 때 2000만 원을 증여하고, 또 10살이 되었을 때 2000만 원, 20살이 넘어 5000만 원을 증여하면 성인이 될 때까지 최대 9000만 원을 증여할 수 있다. 아이가 성년이 되기 전에 2000만 원을 증여했다면 20년 후 자산이 증가하여 2억 원이 되어도 증여에 대한 세금은 발생하지 않는다. 하지만 부모 계좌에서 운용하여 같은 20년의 시간을 보낸 후 불어난 2억 원을 증여하게 된다면 표 5-3과 같이 증여 금액에 따라서 다른 세율이 적용된 세금을 납부해야 한다. 즉 총 2억 원에서 성인 증여에 적용할 수 있는 비과세 한도 5000만 원을 제외한 1억 5000만 원에 대한 세금이다. 20퍼센트의 세율을 적용받은 3000만 원의 세금이 발생하고, 여기에 누진공제액 1000만 원을 제외하고 남은 2000만 원을 세금으로 납부해야 한다.

증여 금액이 커지면 커질수록 세금도 커진다. 따라서 아이가 어릴 때 비과세 2000만 원 혜택을 최대한 활용할 필요가 있다. 자녀 계좌에 증여하고 증여한 돈을 부모가 빈번하게 운용했을 경우, 차명계좌로 의심받게 된다. 몇 번 운용은 차명이고, 몇 번 운용은 차명이 아닌

표 5-3 증여 금액에 따른 세금

과세표준	세율	누진공제액
1억 원 이하	10%	-
5억 원 이하	20%	1000만 원
10억 원 이하	30%	6000만 원
30억 원 이하	40%	1억 6000만 원
30억 원 초과	50%	4억 6000만 원

지에 대한 기준은 없다. 데이트레이딩을 하듯이 운용하지만 않으면 문제가 되지 않을 것이라 예상하지만 세금은 워낙 변화가 많고 해석도 다양할 수 있어서 이 부분도 고려해야 한다.

여기에서 소개하는 전략은 운용 횟수가 적다. 1년에 한 번에서 3~4번 또는 한 번도 하지 않아도 되는 전략이라 운용 면에서도 자유롭다.

● 아동수당으로 입학 전까지 2000만 원을 만들자

미성년 자녀가 적용받을 수 있는 증여 금액의 비과세 한도는 2000만 원이기 때문에 증여는 빠르면 빠를수록 좋다. 하지만 2000만 원은 적은 액수가 아니다. 어떻게 만들어 주어야 좋을지 금방 떠오르지 않는다.

우리나라는 아동수당을 지급하고 있다. 아동수당은 아동이 건강하게 성장할 수 있도록 환경을 조성하여 아동의 기본적 권리와 복지 증진에 기여하기 위해서 2018년 9월부터 시행되었다. 아동수당 정책이 우리나라에 도입되기 전에는 OECD 국가 중 한국, 미국, 터키, 멕시코 등 4개국을 제외한 31개국에서 시행하고 있었다. 우리나라는 2019년부터 만 7세(생후 84개월)까지 가구 소득과 관계없이 모든 아동에게 월 10만 원씩 지급하고 있다. 아동수당을 최대한 활용하여 아이가 초등학교에 입학하기 전에 2000만 원을 만들어보는 것은 어떨까?

미취학 자녀를 둔 독자 여러분은 이 돈을 어디에 사용하는가? 기저귀나 분유, 장난감 그리고 예쁜 옷을 사줄 때 등 필요 항목에 지출할 것이다. 나는 이 돈을 아이들의 미래를 위한 투자금으로 사용해야 한다고 생각한다. 여기에 '하루 스타벅스 커피 한 잔 값'을 더해서 초등학교 입학하기 전, 미성년자 비과세 한도인 2000만 원 만들기를 제안한다. 먼저 아동수당이 월 10만 원씩 84개월간 지급되니 840만 원은 확보한 셈이다. 목표 금액은 2000만 원에서 840만 원을 뺀 1160만 원이다. 7년간 1160만 원을 모으기 위해서는 하루 4,540원을 절약하면 된다. 스타벅스 한 잔 값을 매일 모으면 가능하다. 우리 아이의 미래를 위해서 스타벅스 커피 한 잔 정도는 참을 수 있지 않을까.

표 5-4   초등학교 입학 전까지 2000만 원 모으기

목표 기간: 7년	목표액: 2000만 원
방법 1. 아동수당	840만 원(10만 원 × 84개월)
방법 2. 하루 커피 한 잔 값	1160만 원(4,540원 × 365일 × 7년)

● 아이 증권계좌 개설하기

증여할 돈을 모으고 관리할 계좌를 개설하려고 한다. 아이의 증권계좌를 개설하기란 여간 까다로운 것이 아니다. 비대면 계좌 개설이 안 된다는 것부터 문제가 시작된다. 스마트기기 사용으로 비대면 계좌 개설이 보편화되고 수수료 무료 이벤트도 많아서 도움이 된다. 하지만 미성년자의 증권계좌는 비대면으로 개설할 수 없다. 그렇다면 대면으로 계좌를 개설해야 한다. 은행에서 개설할 것인지 증권사에서 개설할 것인지 또 고민이 생긴다. 이유는 수수료율이 다르게 적용되기 때문인데, 은행에서 개설하면 좀 더 저렴한 수수료로 이용할 수 있다. 증권사별로 다르기는 하지만 평균적으로 증권사 계좌 수수료는 0.15퍼센트이고, 은행 계좌 수수료는 0.015퍼센트이다.

증권사에서 계좌를 개설한다는 것은 앞으로 해당 증권사에서 거래하겠다는 뜻과 같다. 그럼에도 증권사에서 대면으로 계좌를 개설할 경우, 은행에서 대면으로 계좌를 개설하는 것보다 더 많은 수수료를 요구하겠다는 의도인 것이다. 사용자는 납득하기가 쉽지 않다. 유일하게 신한금융투자에서 비대면 계좌 개설이 가능하지만 절차가 매우 번거롭다.

그러므로 자녀의 증권계좌 개설은 은행에서 해야 한다. 그런데 문제가 또 있다. 은행마다 연계할 수 있는 증권사 계좌가 각기 다르다. 한 증권사 계좌를 개설한다고 할 때 A은행에서는 주식 거래만 할 수 있는 계좌를 개설해 주고, B은행에서는 주식, 선물 옵션까지 거래 가능한 계좌를 개설해 준다. 우리 전략의 핵심은 국내 주식 거래와 해외 주식 거래인데 일부 은행에서는 자녀의 증권사 계좌 개설조차 되지 않는 곳도 있다. 너무 복잡하다.

두 가지 중 하나를 선택해야 한다. 거래하려는 증권사 계좌를 개설할 수 있는 은행을 찾을 것인가, 주거래 은행에서 아이의 증권계좌를 개설할 수 있는 증권사를 고를 것인가 하는 점이다. 마지막으로 은행

증권계좌 개설 구비 서류

- 대리인(부모) 신분증
- 가족관계증명서(상세): 부모 기준 발급. 주민등록번호 뒷자리까지 모두 나와야 함
- 기본증명서(상세): 자녀 기준 발급
- 자녀의 도장

마다 아이의 증권계좌 개설에 필요한 서류가 다르다는 차이도 있다. 아이 증권계좌 개설에 필요한 서류는 기본적으로 '증권계좌 개선 구비 서류'를 참고한다. 가족관계증명서(상세)와 기본증명서(상세)도 주의를 기울여야 한다. 은행에 따라 3개월 이내에 발급받은 서류만 인정하는 곳도 있기 때문이다. 그리고 방문하기 전에 반드시 은행에 연락하여 필요 서류를 확인하는 것이 좋다. 사전에 확인하고 준비하지 않으면 재방문할 가능성이 높다. 은행에서 자녀의 증권계좌를 개설하는 경우가 아직 많지 않아서 담당 은행원이 상세하게 안내하지 못할 때도 있다. 가능하면 부모가 이용하는 증권사와 동일한 증권사 계좌로 개설하는 것이 좋다. 만약 부모가 증권사로부터 행사 혜택이나 우수고객 혜택을 받고 있다면 자녀 계좌에도 동일한 조건을 적용해 달라고 요청할 수 있기 때문이다.

● 증여부터 해야 하는 이유

아이에게 증여를 서둘러야하는 이유로 두 가지를 들고 싶다. 하나는 어느 상황에도 그 돈에 대해서 손을 대지 않았으면 하는 마음에서이고, 다른 하나는 세금이 관련되어 있어서다. 살다보면 생각지도 못한 곳에 돈이 쓰일 때가 있다. 차가 고장 나거나 필수 가전을 바꿔야 한다거나 갑자기 가족이 아플 수도 있다. 여러 상황에서 돈이 필요할 텐데 만약 증여하지 않고 통장에 넣어두기만 한다면 꺼내 쓸 가능성이 무척 높다. 우리 아이의 미래를 위한 돈의 사용을 피하기 위해 안전장치로 증여 제도를 이용하는 것이다. 부모 통장에서 자금을 운영한 다음 나중에 증여하면 되지 않을까 생각할 수 있다. 그러나 증여 금액이 커질수록 세금도 늘어나는 것을 이미 살펴봤다. 적은 금액을 미리 증여하여 돈을 불리고 많은 돈을 아이가 쓸 수 있도록 하는 것이 낫다.

증여 후 계좌 운용을 타인이 하면 안 되고, 여러 번 매매히면 안 된다고 한다. 미성년자에게 일정 금액을 과세 없이 증여하는 것은 가능하면서 그 돈을 운영할 수 없는 것은 미성년자가 운영하라는 의미 같아서 오히려 합리적이지 못한 것처럼 느껴진다. 펀드 매수는 타인이 운용하지 않는 것으로 세무서에서 판단한다. 따라서 펀드 상품에 가입하는 것은 부모가 대리 운용하거나 차명계좌로 사용하는 것 아니냐는 의혹에서 자유롭다. 펀드 매니저도 빈번하게 거래할 텐데 이러한 매매를 확실한 수로 표현할 수 있는가에 대해 말하기 어렵다.

현재까지 증여받은 돈의 상승한 가치만큼 증여세를 부과한 경우는 없었다. 증여된 금액에 대한 책임(자산 증식에 따른 세금)은 수증자에게 있다는 기본 원칙이 적용된다. 증여로 문제가 되는 것은 기업의 경영 활동에서 향후 이익이 확정된 증여일 때, 그 이익 증가분에 대해서 과세하는 경우다. 현재로써는 증여를 하는 것이 이득이다.

만약 나중에 이익분에 대해서 세금을 내야 된다고 하면 그 만큼 이익이 생겼다는 것이니 기분 좋게 내면 되고, 문제가 되지 않으면 더 기분 좋게 큰 금액을 아이들에게 선물로 주면 된다. 만약 지금 증여하지 않는다면 나중에 증여세를 내야 하는 것만은 100퍼센트 확정적이다.

● 증여신고 따라 하기

아이의 증권계좌를 개설하고 증여할 돈을 이체하고 나서는 반드시 증여신고를 해야 한다. 증여신고는 인터넷으로 편리하게 할 수 있다. 미성년 비과세 한도 금액인 2000만 원을 한 번에 신고해도 되고, 일정 금액으로 나누어서 신고해도 된다. 하지만 적은 금액을 여러 번 이체하는 것이 번거롭게 느껴질 수 있어서 부모 통장에 몇 달을 모아 두었다가 한꺼번에 이체하고 신고하는 것도 방법이 될 수 있다. 증여 후 3개월 이내 신고를 해야 한다는 것만은 꼭 기억하자. 여기서 말하는 3개월은 '증여한 달의 마지막 날'을 기준으로 3개월이다. 예를 들어 9월 15일에 이체했다면, 말일인 9월 30일 기준으로 3개월 뒤 12월 31일까지 증여신고를 완료해야 한다. 신고는 인터넷사이트 '국세청홈택스'에서 할 수 있다. 사이트에 로그인하기 전에 다음의 사항이 모두 준비되었는지 우선 체크해보자.

- 아이 명의 공인인증서 (수증자(아이) 명의로 로그인해야 함)
- 가족관계증명서
- 기본증명서
- 통장 사본 또는 이체 내역

서류가 준비되었다면 국세청홈택스의 '신고/납부 〉 세금신고 〉 증여세' 항목별로 이동한다.

그림 5-5 **국세청홈택스 증여세 신고**

증여세를 클릭하면 증여세 신고 과정이 나온다. '일반증여신고 〉 확정신고 작성'으로 이동한다.

그림 5-6 증여세 확정신고 작성

그림 5-7 증여세 기본정보 입력

증여세 기본정보 입력란에는 '증여 날짜'와 '증여자(예를 들어 부모) 정보'를 입력한다. 수증자란에는 '자녀 이름'이 나오는 것을 다시 확인 한다. 정보가 맞으면 확인 버튼을 누른다. 전화번호를 입력하고 증여 자와의 관계는 '예)'에도 나와 있듯이 조회 후 '자구'로 선택한다.

그림 5-8 증여재산명세 입력

다음으로 증여재산명세 입력을 한다. 증여재산의 구분은 '증여재 산-일반'을 선택하고 증여재산의 종류는 '현금', 평가방법은 '현금 등 시가(상기제외)'를 선택한다. 증여재산 상세 평가가액은 '증여액을 기 입'하고 등록하기 버튼을 누른다.

그림 5-9 | **세액 계산 입력**

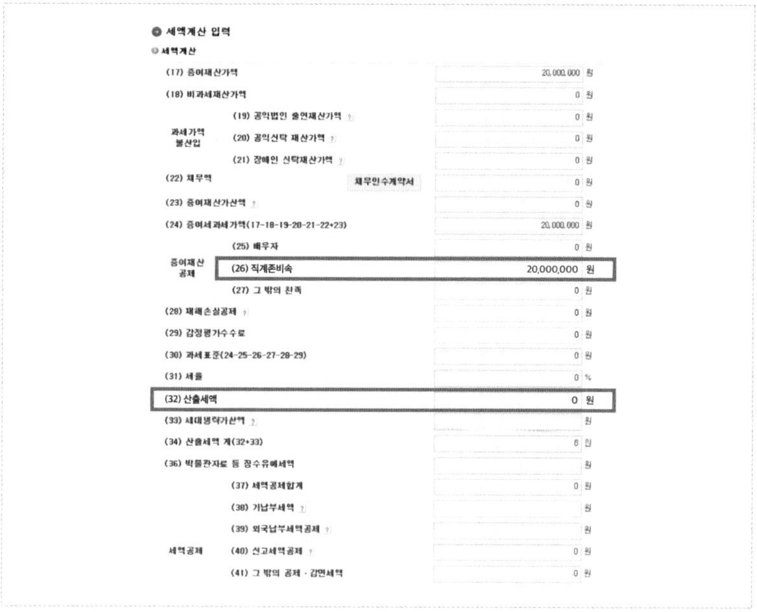

세액 계산에서 납부할 세금을 계산한다. 증여재산 공제에 한도 금액인 2000만 원을 입력하면 (32)번 산출세액은 0원이 된다. '산출세액 0원'을 반드시 확인해야 한다.

증여 금액과 산출세액 납부 금액 0원을 확인 후 제출한다. 제출하면 '신고증 접수증'이 표시되며 출력(PDF 출력 가능)하여 보관한다. 신고서 제출 후 '신고 부속서류 제출'을 한다.

주민등록번호로 조회해서 신고 접수된 신고서에 '부속서류 첨부하기'를 클릭한다.

그림 5-10 신고서 제출

- ● 신고서제출
- ● 신고내역확인

증여재산가액	20,000,000 원
증여재산가산액	0 원
비과세재산가액	0 원
과세가액불산입	0 원
채무액	0 원
증여세과세가액	20,000,000 원
증여재산공제	20,000,000 원
재해손실공제	0 원
감정평가수수료	0 원
과세표준	0 원
세율	0 %
산출세액	0 원
세대생략가산액	0 원
박물관자료등 징수유예세액	0 원
세액공제합계	0 원
가산세합계	0 원
차가감 자진납부할 세액	0 원
연부연납	0 원
현금 분납	0 원
신고납부	0 원

이전   제출하기

그림 5-11 부속 서류 제출 조회

132

그림 5-12 부속 서류 파일 첨부

준비한 파일을 선택한 후 '부속서류 제출하기'를 누르면 전체 과정
이 끝난다.

앞서 두 파트에서는 우리 아이가 처한 현실과 다가올 미래를 예상하며 투자의 필요에 대해 살펴보았다. 이제는 이론을 넘어서 구체적인 실천 투자 전략을 알아보고자 한다. 투자하기 전 반드시 알아야 할 개념을 공부하고 나면 실전 전략에도 금방 다가설 수 있다.

PART

3

이제는 실전이다!
시간을 돈으로 바꾸는
3가지 전략

이 정도 개념은 정리하자

무작정 실전에 돌입하기보다는 먼저 기초적인 개념부터 잘 다져 놓아야 한다. 그래야 나중에 어떤 형태의 자산 배분 투자를 응용하더라도 잘 써먹을 수 있기 때문이다. 많이 이해하면 할수록, 내것으로 만들기 위해 노력할수록 투자가 어렵지 않게 느껴질 것이다.

● 적은 리스크, 높은 수익은 상관계수에 달렸다

투자할 때 가상 먼저 배워야 할 개념은 상관계수(상관관계)이다. 상관계수는 자산 배분 전체를 대표한다고 해도 과장이 아닐 만큼 중요하다. 앞서 5장에서 간단하게 언급된 내용을 바탕으로 이번 장에서 확실하게 짚고 가려고 한다. 상관관계와 상관계수는 혼용하여 사용된다. 상관관계가 높으면 상관계수 값도 크기 때문이다. 상관계수는 수학에서 주로 쓰지만 포트폴리오 구성에서는 두 자산 간의 비슷한 정도를 나타낸다. 상관계수가 크다 또는 상관관계가 높다는 것은 한 자산이 상승할 때 다른 자산도 상승하고 한 자산이 하락할 때 다른 자산도 하락한다는 의미이다. 상관계수는 -1에서부터 +1까지 숫자로 나타낸다. 0 이하의 상관관계를 음의 상관관계, 0 이상의 상관관계를 양의 상관관계라고 부른다.

그림 6-1은 양의 상관관계를 나타내는 두 자산을 간단하게 나타낸 것이다. A자산이 커질 때(오른쪽으로 갈수록) B자산도 커진다(위쪽으로 움직인다). 만약 최근 10년간 주식이 오를 때 비트코인 가격도 같이 올

그림 6-1 | 두 자산간 양의 상관관계

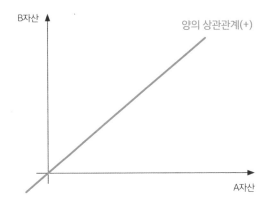

랐다면 '10년간 주식과 비트코인의 상관관계가 높다', '10년간 주식과 비트코인의 상관계수는 양수이다'라고 표현할 수 있는 것이다.

그림 6-2는 음의 상관관계를 가지는 두 자산을 간단하게 나타낸 것이다. A자산이 커질 때(오른쪽으로 갈수록) B자산은 작아진다(아래쪽으로 움직인다). 만약 최근 10년간 주식이 오를 때 반대로 채권의 가격이 내렸다면 '10년간 주식과 채권의 상관관계가 낮다', '10년간 주식과 채권의 상관계수는 음수이다'라고 표현할 수 있다. 우리가 포트폴리오의 상관관계에 주목해야 하는 이유는 무엇일까?

자산을 평가할 때 '변동성'을 빼놓을 수 없다. 자산 가격이 오르내리는 빈도, 오르내림의 크기를 변동성이라고 한다. 그림 6-3은 음의 상관관계를 갖는 포트폴리오 개념도이다. A자산과 B자산처럼 가격

그림 6-2 두 자산간 음의 상관관계

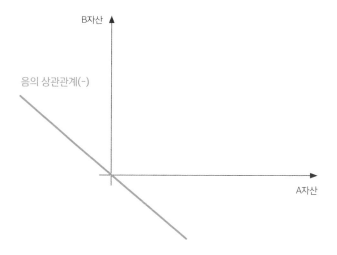

의 등락이 빈번하고, 등락의 크기가 클수록 변동성이 크다.

A자산은 상하로 오르락내리락하면서, 즉 큰 변동성을 가지면서 우상향하는 자산이다. B자산 역시 큰 변동성을 가진 자산이다. 두 자산은 한 자산이 오를 때 한 자산은 내리는 음의 상관관계에 놓여 있다. A, B 두 자산을 어떠한 비율로 조합하면 포트폴리오 자산군이다 (각 자산에 대한 투자 비율은 사용자가 설정하기 나름이다).

A자산의 변동성과 B자산의 변동성이 합해져 포트폴리오 그래프에도 변동성이 생긴다. 이해를 돕기 위해 그림 6-3에서는 위아래 높낮이 변화 없이 직선으로만 나타냈지만(우상향하는 검정색 선) 이는 극단적인 경우이다. 실제로는 A, B자산의 상관관계에 따라 등락을 반복한다. 결과적으로 음의 상관관계인 A, B자산으로 포트폴리오를 구성

그림 6-3 **음의 상관관계를 갖는 자산군 조합과 변동성**

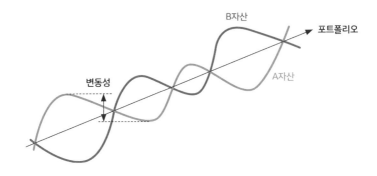

하면 자산 각각의 변동성보다 자산의 합으로 이루어진 포트폴리오의 변동성은 줄어든다.

다양한 자산군으로 조합된 여러 개의 포트폴리오가 있다고 가정했을 때, 포트폴리오의 목표 수익률은 동일하지만 변동성 면에서는 차이를 보이는 조합이 있을 것이다. 현대 포트폴리오 이론에서는 이중 변동성이 낮은 포트폴리오를 선택한다. 변동성을 다른 말로 '리스크'라고 부르기도 한다. 따라서 작은 리스크(변동성), 높은 수익을 위해서는 자산의 상관관계에 주목해야 한다.

● 고통 지수, 최대낙폭

다음으로 알고 있으면 도움이 되는 내용은 최대낙폭이다. 최대낙폭은 이름에서도 짐작할 수 있듯이 자산이 최대로 많이 떨어진 정도를 보여준다. 낙폭Draw Down과 최대낙폭MDD, Maximum Draw Down 그리고 언더워터 피리어드Underwater Period를 이해하고 나면 투자 전략에 대한 파악이 수월해질 것이다.

낙폭은 어떤 점을 기준으로 자산 가격이 떨어진 정도를 나타내고 그 기준이란 전고점前高點(앞선 가격의 최고 높은 지점/가격)을 말한다. 즉 이전 고점 대비 가격이 떨어진 정도를 나타내는 것이 낙폭이다.

그림 6-4는 어떤 자산의 시간대별 가격의 움직임을 보여주는 그래프이다. 자산이 오르다가 중간중간에 떨어지는 구간을 거치고 다시 회복하여 상승하는 패턴을 그린다. 그림에서 붉은색은 시간에 따른 각 전고점을 연결한 선이다. 떨어지는 구간에서 전고점의 높이는 유지되고, 상승하는 구간에서는 전고점을 갱신하면서 똑같이 상승하는 형태를 보인다. 붉은색 '전고점 연결선'이 낙폭의 기준선이 된다.

그림 6-4 | 전고점 연결선과 낙폭의 기준선

전고점 연결선

자산의 시간대별 추이

그림 6-5는 낙폭과 최대낙폭을 나타낸 것이다. 그림 6-4의 자산그래프를 전고점 연결선을 기준으로 수평이 되도록 눕히면 중간중간에 자산 가격이 떨어진 구간을 더 쉽게 확인할 수 있다. 전고점 연결선과 자산의 가격 변화 그래프 사이가 멀어진 정도를 낙폭Draw Down이라고 한다.

관심을 가진 종목 또는 자산군의 과거 가격 변화를 검토하려고 할 때, 어떤 사람은 데이터가 존재하는 전체 기간에 대해서 관심을 가질 테고, 어떤 사람은 금융위기를 기준으로 2008년 이전 기간이나 이후 기간에 관심을 가질 수도 있다. 자산 가격의 변화 정도를 파악하려면 특정 범위의 기간을 설정해야 한다. 설정한 기간에서 발생했던 여러 낙폭 가운데 가장 많이 떨어진 낙폭이 최대낙폭MDD, Maximum Draw Down이다.

다시 말해 최대낙폭이란 어떤 기간 안에서 전고점을 기준으로 가장 많이 떨어진 정도(퍼센트)를 나타낸 수치이다. 예를 들어 '지난 10년간 코스피의 MDD가 -30퍼센트이다'는 10년긴 빌생한 여러 낙폭

그림 6-5 | 전고점 연결선과 낙폭의 기준선

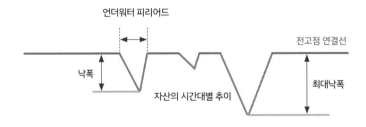

중에서 전고점을 기준으로 가장 많이 떨어졌을 때 -30퍼센트까지 떨어졌다는 의미이다. 단어를 통해 추측할 수 있듯이 낙폭은 항상 마이너스(-)값을 가진다.

전고점에서 하락했다가 그 전고점까지 회복하는 데 걸리는 시간을 언더워터 피리어드Under Water Period라고 한다. 투자를 하면서 자산의 하락폭(낙폭, 최대낙폭)이 크고 회복 기간(언더워터 피리어드)이 길어지면 마음이 어떨까? 이럴 경우 내 계좌의 자산도 마이너스 영역에서 시간을 보낼 가능성이 매우 높다. 그래서 최대낙폭을 다른 말로 고통 지수(스트레스 지수)라고도 한다.

투자에 앞서 견딜 수 있는 하락 스트레스의 정도를 미리 정해야 한다. 그것은 최대낙폭으로 판단한다. 대부분의 책에서는 최대낙폭에 대해서만 언급한다. 나는 최대낙폭 못지않게 언더워터 피리어드도 중요하다고 말하고 싶다. 낙폭의 크기(최대낙폭)가 커도 고통스럽지만 그 시간(원금이 복구되기까지 걸리는 시간)이 길어져도 고통스럽다. 자산 가격 하락으로 인한 괴로움은 마치 두 수치를 곱한 값처럼 느껴지기 때문이다.

복리의 효과를 확인하려면, 연환산수익률을 보라!

이번에는 연환산수익률CAGR, Compound Annual Growth Rate이 무엇인지 알아본다. 단어가 길어서 복잡하고 어려울 것 같지만, 말하자면 연복리

수익률과 같다. 투자한 이후 가장 최근 시점까지 누적된 수익률을 연 단위로 파악하기 위해서다. 주식시장으로 대표되는 자산시장의 수익률에는 기본적으로 '복리'와 '기간' 개념이 포함된다. 특정한 기간 동안 투자 원금에 수익이 쌓이고 원금과 수익을 더한 금액에 다시 수익이 쌓이는 것으로 투자 상황을 평가한다.

예를 들어 A주식에 투자하여 30퍼센트의 수익을 얻었다면 수익률은 30퍼센트이다. 그런데 여기서는 투자한 기간을 알 수 없다. 30퍼센트 수익률이 나기까지 시간이 얼마나 걸렸는지 알 수 없다. 1년에 30퍼센트가 늘었다면 놀랄 만한 수익률이지만, 3년에 30퍼센트가 늘었다면 적절한 수익률이라 평가된다. 이렇듯 투자에 대한 해석이 달라지므로 수익률을 나타낼 때는 반드시 기간을 산정할 필요가 있다. 자산의 평균수익률에 시간 개념이 더해지면 연환산수익률이다.

3년간 30퍼센트 수익률을 다시 보자. '30% ÷ 3년 = 10%/년'으로 간단하게 계산해도 괜찮은 것일까? 여기서 연간 10퍼센트 상승은 단리로 계산했을 때 값이다. 우리는 자산시장이 복리로 운영된다는 사실을 안다. 단순 평균값만을 나타내는 단리 계산은 복리의 효과를 반영하지 못하기 때문에 연환산수익률 또한 정확하게 파악할 수 없다.

복리로 연간 10퍼센트 상승하면 결과는 어떻게 달라질까? 주식시장에 100을 투자한 첫해에 10퍼센트 수익을 얻었다면, 다음 해에는 '100 + (100 ×10%) = 110' 값에 대한 10퍼센트를 수익으로 얻는다. 매년 10퍼센트씩 3년간 상승하면 '1.1 × 1.1 × 1.1 = 1.331'이 되어서 자산은 3년간 33.1퍼센트 상승한다는 결과를 얻게 된다. 단리보다 복리 상승 폭이 크다는 것을 알 수 있다.

　자산이 3년간 30퍼센트 상승했을 때 연간 복리로는 얼마나 상승했는지 연환산수익률(CAGR)를 계산해 보자. 조금 복잡하게 느껴질 수 있다.

$$CAGR = \left(\frac{최종값}{최초값} \right)^{\frac{1}{연수}} -1$$

　공식에 따라 연환산수익률을 계산해 보면 $CAGR = \left(\frac{130}{100} \right)^{\frac{1}{3}} 1 -$ 0.0914로 9.14퍼센트가 된다. 즉 3년간 30퍼센트가 오르면 연환산수익률은 9.14퍼센트이고, 1년에 9.14퍼센트의 수익률이 났다는 뜻으로 이해할 수 있다. 만약 매해 환산수익률이 10퍼센트씩 증가하였다면, 3년이 지났을 때는 30퍼센트가 아닌 33.1퍼센트 상승한 결과를 얻는 것이다. 두 값의 차이를 이해할 필요가 있다.

　복리와 기간을 모두 포함한 계산법은 투자 상품 간 수익률 비교를 할 수 있도록 도와준다. '연환산수익률 3퍼센트, 4퍼센트'라고 표현된 값은 고정된 기간 안에서 수익률의 크고 작음을 금방 파악할 수 있다. 따라서 수익률을 연환산수익률로 판단해 보는 연습은 아주 중요하다.

● 원달러 환율일까, 달러원 환율일까?

우리의 투자는 '국내 상장 해외 ETF'와 '해외 상장 ETF'를 이용하는 것이다. 여러 투자 전략을 이해하기 위해서는 환율이 무엇인지, 경기와 환율은 어떤 영향을 주고받는지 알아 두는 것이 필수이다. 미국 주식을 비롯한 금, 원유, 원자재 가격은 전부 달러를 기준으로 책정되기 때문에 환율은 매우 중요하다.

우리나라는 '원달러 환율', '달러원 환율'을 혼용해서 사용하는 경향이 짙어서 평소 접하는 정보가 몹시 혼란스럽게 느껴진다. '1달러에 몇 원'이라고 할 때는 '달러원 환율'인데, 우리나라는 구분하지 않고 '원달러 환율'이라고 말하기 때문이다. 원달러 환율이라 말했어도 실제로는 달러원 환율로 이해해야 맞는 것이다. 원달러 환율, 달러원 환율은 '앞에 나온 통화'가 기준이 된다. 따라서 환율이 오르고 내렸다는 말은 먼저 나온 통화의 가격이 변동되었다는 뜻이다.

뉴스에서 원달러 환율이 1달러 1,000원에서 1,500원으로 올랐다고 한다. 그러면 어느 통화의 가치가 변했다는 것일까? 앞의 통화가 기준이라 했으니 달러의 가치가 오른 것이다(실제로는 달러원 환율). 1달러를 사는데 1,000원이면 충분했지만 이제는 1,500원이나 필요하므로 달러의 가치는 올랐고, 원화의 가치는 떨어졌다.

이제 경기와 환율을 단순하게 연결해 보자. 예를 들어 경기가 좋으면 우리나라는 수출이 잘된다. 수출이 늘어나면 외국에서 달러가 쏟아져 들어온다. 그러면 한국 시장에 달러가 많아진다. 원화는 한정적인데 달러만 많으니 상대적으로 달러 가치가 떨어진다. 어느 곳에서든 달러를 구할 수 있기 때문이다. 그러므로 달러의 가치는 하락한다. 즉 (달러원) 환율도 떨어진다. 반대로 경기가 나빠지면 (달러원) 환율은 올라간다.

● 채권과 금리의 관계

채권시장은 복잡하고 어렵지만 경제 상황을 파악하고 투자 범위를 넓히는 데 분명 도움이 된다. 채권은 정부나 공공단체, 기업이 거액의 자금을 조달하기 위해서 대중에게 발행하는 차용증이며, 주식과 달리 상환해야할 의무를 지닌다. 채권은 '이자를 받을 수 있는 권리'이기 때문에 항상 이자와 같이 생각하는 것이 좋다.

경기와의 연관성 또한 빼놓을 수 없다. 경기가 나빠지면 설비투자 수요나 인력 채용이 감소한다. 경제활동이 힘들어지면서 상환능력을 상실할 가능성이 커지기 때문에 돈을 빌리려는 사람이나 기업이 줄어든다. 대출이 줄어들면 대출이자로 먹고사는 은행 입장에서는 금리를 낮춰서라도 대출을 유도하려고 한다. 따라서 경기가 나빠지면 시장의 금리는 내려간다.

그러면 시장금리가 하락할 때 채권은 어떻게 될까? 4월에 만기 1년, 이자율 10퍼센트인 채권 100만 원을 가지고 있었다. 5월에는 경기가 나빠져서 금리(이자율)가 5퍼센트로 떨어졌다. 그래서 1년 만기, 금리가 5퍼센트인 채권이 발행되어 거래 중이다. 4월에 100만 원에 산 채권은 1년 뒤에 110만 원을 받을 수 있다. 그런데 5월에 채권을 구입하면 100만 원짜리를 사도 1년 후에 105만 원만 받게 된다. 그럼 5월에 100만 원을 주고 5퍼센트 채권을 사는 것보다 4월에 발행된 채권을 103만 원에라도 사는 것이 더 유리할 것이다. 103만 원에 사도 1년 뒤 수익(수익률)이 5월에 산 채권보다 크기 때문이다. 그래서 4월 채권의 가격이 100만 원에서 103만 원까지 오르는 일이 발생한다. 이런 이유로 채권 가격은 금리와 반대로 움직인다. 불경기일 때 채권 가격은 오르고 금리는 내린다.

● 환율에 울타리 두르기

우리 전략뿐만 아니라 해외 투자 비율이 점점 증가하는 추세다. 따라서 투자 상품에도 환율을 고려하지 않을 수 없는데, 두 가지 방법을 생각할 수 있다. 첫 번째는 투자자산 가격이 오르고 내리는 변동성에만 집중하는 것이고, 두 번째는 자산의 가격 변동뿐만 아니라 원/달러 환율까지 감안하는 것이다. 투자에 환율까지 포함하려면 환헤지換 Hedge와 환언헤지換 Unhedge(환노출) 개념에 대해 알아야 한다. 환換은 환율을 나타낸다. 그렇다면 헤지hedge는 무엇일까? 의미부터 찾아보자.

Hedge [hedʒ]

1. 생울타리, 산울타리
2. (특히 금전 손실을 막기 위한) 대비책
3. 얼버무리다
4. 생울타리를 심다[두르다]

헤지의 기본 뜻은 울타리지만, 자산시장에서는 손실을 막기 위한 대비책을 의미한다. 울타리를 쳐서 금전적인 손해를 막는다고 이해하면 좀 더 쉬워진다. 환헤지는 환율에 울타리를 두르고 환율이 변동하지 못하도록 막아서 투자의 안정성을 확보한다는 개념이다.

국내 상장 미국 주식(S&P500)에 투자하여 가격이 상승했다면 내 수익도 상승한 가격만큼 늘어날 것이다. 그런데 달러로 투자했어도(환언헤지), 여전히 내 수익이 시장 가격만큼 늘어날 것이라고 확신할 수 있을까? 그럴 수 없다. 만약 주식시장은 10퍼센트 상승했는데 환율이 20퍼센트 하락했다면 수익은 -10퍼센트가 된다. 환율이 자산에 영향을 미친 것이다. 이런 환율의 변동성을 투자에서 제외시키려면 환헤지 상품을 선택해야 한다. 자산 변동에 따른 수익만 얻겠다는 뜻이다. 반대로 환언헤지는 환율의 변동성까지 포함하여 자산 변동에 대한 수익을 얻겠다는 뜻이다. 헤지 여부의 고려는 국내 상장 미국 주식에 투자하는 경우만 해당된다. 해외 주식에 직접 투자하면 이미 환언헤지한 것이므로 대상이 될 수 없다.

국내 주식시장에 상장된 해외 상장 ETF가 환헤지인지, 환언헤지인지 알려면 상품의 이름을 본다. 예를 들어 투자하려는 ETF가 미래에셋자산운용사의 TIGER 미국S&P500선물(H)이라면 마지막 '(H)'에 주목한다. 해당 ETF는 환헤지되어 있어 환율의 상승·하락에 관계없이 S&P500지수의 상승과 하락에 의해서만 가격이 변동한다는 의미이다. 환언헤지의 경우 표시하지 않는 경우가 대부분이지만 일부에서는 '(UH)'로 나타내기도 한다.

국내 경기가 살아나서 수출이 잘되고 자산시장 가격이 상승하면 원화 가치가 오른다. 그때 미국 주식에 투자하려면 환율을 헤지(환율의 변동성을 없애야)하여 손실 위험을 줄인다. 반대로 경기가 나빠지면 환율을 언헤지해야(환율의 변동성을 살려야) 환율 차익에 대한 수익을 거둘 수 있다.

그렇다면 미국 채권에 투자할 때는 둘 중 어느 쪽이 수익에 더 도움이 될까? 환언헤지(환노출, 환율의 변동성을 통해 수익을 얻음)해야 한다. 그러면 경기가 좋지 않을 경우에도 채권이 오를 때 얻는 수익과 환율이 오를 때 얻는 수익 두 가지를 모두 취할 수 있다. 이것은 앞서 설명한 상관계수와도 관계가 깊다. 주식과 채권은 상관계수가 반대인 경우가 많으므로 환율을 반대로 이용하여 상관계수를 더욱 떨어뜨리는 원리이다. 이렇게 하면 자산 배분 효과를 극대화할 수 있다.

주식에 반대되는 특성을 가진 채권을 포함하여 어느 한 쪽의 가치가 하락했을 때 충격을 완화시키는 것처럼 인플레이션을 헤지하는 방법도 생각해볼 수 있다. 한 자루에 100원이었던 볼펜이 인플레이

선으로 한 자루에 200원이 되면, 즉 인플레이션이 발생하면 수익 증가에 마이너스로 작용한다. 인플레이션은 현금 가치를 떨어뜨리기 때문이다. 이때 포트폴리오에 인플레이션이 발생할수록 가격이 오르는 물가연동채권이나 신흥국채권을 포함하면 인플레이션이 발생해도 자산 하락의 충격을 완화시킬 수 있다(인플레이션 헤지Inflation Hedge).

우리나라는 환율에 영향을 많이 받는 편이지만 이를 오히려 기회로 이용하면 한국 투자자의 장점이 된다. 환헤지는 환율을 울타리에 가두어서 못 움직이게 하고 자산 변동만 취하겠다는 것으로 기억하자. 미국 주식, 채권 투자를 할 때도 복잡한 과정은 접어두고 '주식은 환헤지, 채권은 환언헤지'로만 외워 놓아도 훨씬 도움이 될 것이다.

● 전 세계 주식시장 흐름의 척도, S&P500지수

S&P500지수는 다우존스지수®와 함께 미국 주식시장의 현재를 나타내는 지수이다. 한국의 KOSPI200과 비슷한 지수라고 생각하면 된다. S&P500지수는 국제 신용평가기관인 미국 스탠더드 앤드 푸어스S&P, Standard and Poor's사에서 뉴욕증권거래소에 상장된 500개 기업의 시가총액을 계산하여 지수로 나타낸 것이다. 지수 산정에 포함되는 종

● **다우존스지수**: 미국의 다우존스Dow Jones사가 뉴욕증권시장에 상장된 우량기업 주식 30개 종목을 기준으로 산출한 지표로 시장의 움직임을 알 수 있다.

목은 우량기업을 중심으로 다양한 그룹을 포함한다.

전통적으로 공업주들을 많이 포함하여 기술주로 이루어진 나스닥 NASDAQ˙지수에 비해서 변동이 적고 지속적으로 우상향하는 미국 시장을 대표적으로 나타낸다고 볼 수 있다. 그래서 벤치마크(기준)˙로 많이 활용되는 지수이다.

미국 주식시장이 전 세계 주식시장의 60퍼센트를 차지한다고 할 때 그 시장을 대표해서 나타내는 S&P500지수가 지니는 중요성은 매우 크다. S&P500지수는 신문이나 뉴스에 매일 발표된다. 작게는 미국 우량기업 500개의 주가 흐름을 나타내고, 크게는 전 세계 주식시장의 흐름을 상징한다. 2020년에는 테슬라TESLA가 S&P500에 포함된다는 것이 뉴스거리였다. 지수에 포함된다는 것은 우량기업임을 인정받는 것이고 지수를 추종하는 상품에서도 많이 거래되기 때문에 주가에도 좋은 영향을 줄 것이라는 기대 심리를 자극한다. 뉴스에 나오는 S&P500지수를 보고 미국 또는 전 세계 주식시장의 흐름을 확인하면 자산시장을 이해하는 데 많은 도움이 된다.

● **나스닥**: 미국 벤처 기업 및 기술 관련 회사들이 주로 상장되어 있는 시장이다. 우리나라에는 이와 유사한 성격의 코스닥 시장이 있다.
■ **벤치마크**: 투자 성과를 비교하기 위하여 정하는 기준이다. 대부분 미국 S&P500지수를 벤치마크로 선정한다. 벤치마크보다 높은 수익을 거두면 성공적인 투자로 평가한다.

주린이도
할 수 있는 가장 쉬운 투자
: 6040전략

동학개미운동 이후 주식시장에 처음 발을 들이는 투자자가 증가하면서 '주린이'라는 단어가 보편적으로 자리 잡았다. 주린이는 주식과 어린이를 합친 신조어인데, 7장에서는 주린이들도 쉽게 할 수 있는 투자 전략을 소개하고자 한다.

● 전통적인 자산 배분 6040전략

한 가지 자산으로 100퍼센트 보유하는 것보다 다른 자산을 적절한 비율로 섞으면 수익은 유지하면서 변동성을 줄일 수 있다. 미국의 오랜 포트폴리오 방식은 주식 60퍼센트와 채권 40퍼센트를 섞는 6040전략이다. 이 전략을 처음 구상해 낸 사람이 누구인지 알려지지는 않았지만 ETF의 창시자인 존 보글John Bogle에 의해서 널리 퍼졌고 현재까지도 빈번하게 응용된다.

주식 자산에 100퍼센트를 투자하는 것보다는 주식 시장이 하락 국면일 때 상승하는 특성을 지닌 다른 투자 자산으로 보완하여 포트폴리오를 구성하면 동일한 변동성에서 더 큰 수익을 얻을 수 있다. 1926년부터 2019년까지 93년간의 성과에 근거한 주식 60퍼센트, 채권 40퍼센트 투자 전략은 합리적이었다. 연환산수익률이 9퍼센트에 이르기 때문이다. 주식과 채권을 섞는 이유는 상관계수가 반대인 특성을 이용하기 위함이다. 채권은 주식의 반대편에서 안전자산으로써의 역할을 수행한다. 등락을 지속하면서 채권이 맡은 역할을 잘 해낼

그림 7-1 **주식과 채권의 비중**

것이다. 주식으로 이루어진 포트폴리오에 채권을 반드시 포함해야
하는 이유이다.

그렇다면 이 전략은 언제나 통하는 만능 키일까? 6040전략뿐만 아
니라 여러 전략을 공부하면서 알아 두어야 할 사실이 있다. 이 세상
에 존재하는 수많은 전략 중 전지전능한 수단은 없다는 것이다. 2003
년 이후 2021년까지 미국 주식과 채권이 음의 상관관계를 지속적으
로 유지해 오고 있지만 항상 그랬던 것만은 아니기 때문이다. 상관계
수도 양수·음수의 변동을 반복한다. 우리의 목표는 만능 키를 찾고
자 하는 것이 아니라, 보다 더 안정적인 전략을 찾는 것이다. 투자를
할 때 어떤 전략도 맹신하지 않도록 경계해야 함이 옳다.

표 7-1은 미국 주식으로만 100퍼센트 자산을 구성했을 때와 미
국 주식 60퍼센트, 미국 중기 국채 40퍼센트로 나누어 자산을 구성
했을 때의 포트폴리오를 비교했다. 일반적으로 미국 주식에는 미국
S&P500지수를 따르는 ETF를 할당하고 채권에는 미국 국채를 추종하
는 ETF를 할당한다. 미국 국채의 경우 중기 국채인 미국 국채 10년물
을 기준으로 하는 경우가 많다.

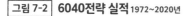

표 7-1 | **6040전략 실적**1972~2020년   단위: %

	연환산수익률(CAGR)	최고의 해	최악의 해	최대낙폭(MDD)
미국 주식 100%	10.65	37.8	-37.0	-50.89
미국 주식 60% + 미국 중기 국채 40%	9.60	29.7	-16.9	-27.98

그림 7-2 | **6040전략 실적**1972~2020년

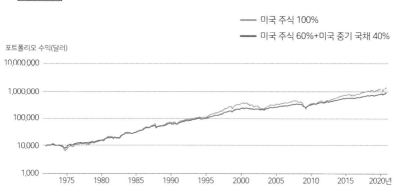

그림 7-2에서는 미국 주식 100퍼센트로만 구성된 포트폴리오와 미국 주식 60퍼센트, 미국 중기 국채 40퍼센트로 구성된 포트폴리오의 실적을 그래프로 비교했다. 두 포트폴리오 모두 우상향하는 특성이지만, 채권이 포함되지 않았고 주식으로만 구성된 포트폴리오의 경우 중간중간 울퉁불퉁한 하락이 나타남을 볼 수 있다. 반면 채권이 포함된 포트폴리오는 주식 100퍼센트 포트폴리오보다 훨씬 완만한 상승을 보인다.

다시 표 7-1로 돌아가 미국 주식 100퍼센트와 미국 주식 60퍼센트와 미국 중기 국채 40퍼센트를 혼합한 6040전략의 실적을 비교해 보자. 연환산수익률은 1.05퍼센트 차이를 보인다. 여기서 중요하게 봐야할 내용은 최대낙폭(이하 MDD)이다. 주식에만 100퍼센트 투자할 경우 MDD는 -50퍼센트 이상으로 투자금이 반토막 나는 데 반해, 채권이 40퍼센트 섞여 있는 6040전략의 경우 MDD는 대략 -28퍼센트 정도로 -20퍼센트 이상 위험도가 줄어든 것을 확인했다.

이렇듯 채권은 주식시장이 하락 국면일 때 하락폭을 제한한다. '수익률은 크게 손해 보지 않으면서 하락폭을 줄이는 것'이 주식채권 6040전략의 목적이다. 단순 결과만을 놓고 미국 주식 100퍼센트 투자가 하락이 크긴 했지만 수익률이 높아서 괜찮지 않을까 생각할 수도 있다. 하지만 계좌의 돈이 반절 이상 날아가는 것을 보면서 향후 상승을 기대하고 기다리는 일은 결코 쉽지 않다. 잃지 않는 것이 중요하다. 수익 대비 손실비율이 훨씬 중요하다는 점을 잊지 말자.

👍 여기서 잠깐

● **미국 재무부채권**

미국 국채의 공식 명칭은 미국 재무부채권이다. 미국 연방정부의 재무부 관할로 달러를 인쇄하고, 재정자금을 관리하기 위해 발행한다. 만기 종류에 따라 '트레저리 빌Treasury-bill, T-bill', '트레저리 노트Treasury-note, T-note', '트레저리 본드Treasury-bond, T-bond'로 구성되어 있다. 만기별로 티빌T-bill은 1년 이하(3, 6, 12개월)의 단기채, 티노트T-note는 1년 이상 10년 이하(2, 3, 5, 7, 10년)의 중기채, 티본드T-bond는 10년 이상(30년)의 장기채로 구별된다.

특히 미국 중기 국채인 미국 10년 국채10 Year Treasury Bond는 세계 금융시장의 기준이 될 만큼 널리 쓰이는 채권이다.

● 6040전략 따라 하기

6040전략은 주식은 보통 S&P500지수에 60퍼센트를 투자하고 채권은 미국 중기 국채(미국 10년 국채)에 40퍼센트를 투자한다.

표 7-2는 한국과 미국에 상장된 대표적인 S&P500지수를 추종하는 ETF와 미국 중기/장기 국채를 추종하는 ETF이다. 자산 규모나 거래량, 수수료와 배당금 등을 살펴보고 적합한 ETF를 선정한다. 만약 미국 주식과 미국 중기 국채에 투자하기로 했다면, 자산의 60퍼센트는 SPY라는 티커Ticker를 가진 ETF를 매수하고, 40퍼센트는 IEF라는 티커를 가진 ETF를 매수한다. 예를 들어 100만 원 중 60만 원은 'TIGER 미국S&P500선물(H)'을 40만 원은 'TIGER 미국채10년선물'을 매수하는 것이다. 앞서 6장에서도 살펴봤듯이 국내 ETF 상품 이름의 '(H)'는 헤지를 뜻한다. 환율에 상관없이 지수의 상승과 하락에 따라 변동하는 것으로, 즉 환율 변동이 반영되지 않아 환율에 대한 리스크가 없다.

한국 주식 투자자는 미국채를 환언헤지(UH)해야 한다. 그렇게 해야 두 자산군의 상관관계가 낮아지기 때문이다. 따라서 미국 주식 S&P500 ETF는 환헤지 상품으로 미국채 10년은 환언헤지 상품으로 가입하기를 권한다.

6040전략에서 40퍼센트에 해당하는 채권은 미국 중기채이다. 하지만 국채 수익률이 더 커질 것이라 판단되면 장기 국채에 투자할 수도 있다. 만약 미국채를 장기 국채에 투자한다면 현재 한국 주식시장에는 환언헤지한 ETF가 출시되어 있지 않으므로 이 부분은 주의한

📟 표 7-2 | **S&P500 및 미국채 추종 ETF**

	한국 상장 미국 ETF	미국 ETF(Ticker*)
주식	TIGER(*) 미국S&P500선물*(H)	SPDR S&P500 ETF Trust(SPY)
	KODEX 미국S&P500선물(H)	iShares Core S&P500 ETF(IVV)
	ARIRANG 미국S&P500(H)	Vanguard S&P500 Index Fund ETF(VOO)
	KINDEX 미국S&P500	
	TIGER 미국S&P500	
채권 (중기채)	TIGER 미국채10년선물	iShares 7-10 Year Treasury Bond ETF(IEF)
	KODEX 미국채10년선물	Vanguard Intermediate-Term Treasury ETF(VGIT)
		SPDR Portfolio Intermediate Term Treasury ETF(SPTI)
		Schwab Intermediate-Term U.S. Treasury ETF(SCHR)
		iShares U.S. Treasury Bond ETF(GOVT)
채권 (장기채)	KODEX 미국채울트라30년선물(H)	iShares 20+ Year Treasury Bond ETF(TLT)
	KBSTAR 미국장기국채선물(H)	Vanguard Long-Term Treasury ETF(VGLT)
		SPDR Portfolio Long Term Treasury ETF(SPTL)
		Vanguard Extended Duration Treasury ETF(EDV)
		PIMCO 25+ Year Zero Coupon US Treasury Index ETF(ZROZ)

160

다. 환헤지 장기 국채 ETF에 투자하다가 환언헤지 상품이 출시되면 잊지 말고 꼭 변경하는 것이 좋다.

여기서 잠깐

● **ETF에 호랑이와 아리랑이 웬 말?!**

자산운용사에서 판매하는 ETF는 특정 지수를 추종한다.

표 7-2의 채권(중기채)은 미국채 10년물 지수를 추종하는 동일한 종류의 ETF이다. 미국채 10년 물 지수는 7년 이상 10년 미만의 미국채 시장 가격의 흐름을 표시하는 지수이다. 표 7-2의 ETF 상품이 모두 동일한 지수를 추종한다고 하더라도 자산운용사에 따라 선정된 종목과 그 종목에 대한 투자 비율은 같지 않다. '한국 상장 미국 ETF' 항목에서 앞에 'TIGER', 'KODEX', 'ARIRANG' 등은 자산운용사를 대표하는 상품명이라 할 수 있다. 이것만 보아도 어느 자산운용사에 상장되 었는지, 운용하고 있는지 파악이 가능하다.

상품명	운용사
TIGER	미래에셋자산운용
KODEX	삼성자산운용
ARIRANG	한화자산운용
KINDEX	한국투자신탁운용
KBSTAR	KB자산운용
HANARO	NH아문디자산운용
KOSEF	키움투자자산운용
SMART	신한자산운용(신한BNP파리바자산운용)

● **선물**Futures

선물은 파생상품 중 하나로 선매매, 후물건 인수(선매후물) 거래방식이다. 상품이나 금융자산의 가격을 미리 결정한 뒤 장래의 일정한 시기에 현물을 넘겨주고, 넘겨받는 거래를 말한다. '밭떼 기 거래'라고 이해하면 조금 쉽게 이해할 수 있다. 농사가 잘되건 못 되건 상관없이 농사가 끝나 기 전에 밭 전체의 농작물 가격을 미리 결정하여 계약하는 것이다. 풍년이 들면 매수한 사람이 이익이고, 흉년이 들면 농부에게 이익이다.

● 티커 Ticker

티커는 주식기호인데, 각 증권에 붙여진 고유 코드이다. 문자, 숫자 또는 둘의 조합으로 구성된다. 과거에는 시세 테이프라는 롤 종이에 회사 기호와 그 시점의 주식가격을 인쇄했는데, 쉽게 알아보기 위해 짧게 이름을 지은 것이 티커의 시초이다. 일반적으로 1~4자 사이로 만든다. 거래소에 상장된 ETF 상품에도 역시 티커가 부여되어 있다. 글자 수가 적을수록 주식시장에 상장된 역사가 길다. 우리가 잘 아는 포드Ford사의 티커는 F이다. 참고로 애플의 티커는 AAPL, 마이크로소프트의 티커는 MSFT이다.

표 7-3은 주식과 채권의 투자 비율에 따른 연환산수익률과 MDD를 나타냈다. 미국 주식(S&P500)에 100퍼센트 투자했다면 2003년부터 2020년까지 연환산수익률은 10.51퍼센트, MDD는 -50.80퍼센트이다. 만약 미국 주식과 장기 국채 투자를 60:40 비율로 맞추었다면 미국 주식에만 투자한 것에 비해서 연환산수익률은 0.58퍼센트 정도로 차이가 크지 않지만 MDD는 -24.64퍼센트로 기존 대비 절반 수준으로 위험도가 감소한다. 미국 중기 국채로 바꾸었다면 수익률은 8.81퍼센트이며, MDD는 -26.78퍼센트로 역시 절반 수준으로 낮아신다. 여기에서 포트폴리오를 구성할 때 채권을 반드시 넣어야 하는 이유

표 7-3	6040 채권별 수익률 2003~2020년			단위: %
	연환산수익률(CAGR)	최고의 해	최악의 해	최대낙폭(MDD)
미국 주식 100%	10.51	32.3	-36.8	-50.80
미국 주식 60% + 미국 중기 국채 40%	8.81	22.0	-14.9	-26.78
미국 주식 60% + 미국 장기 국채 40%	9.93	24.4	-8.5	-24.64

를 직접적으로 알 수 있다. 수익률은 조금 떨어지더라도 MDD를 절반으로 줄이기 때문이다. 그림 7-3은 표 7-3에 나타낸 주식과 채권 비율에 따른 포트폴리오를 구성했을 때의 그래프이다. 주식으로만 구성된 포트폴리오에 비해서 주식과 채권이 혼합된 포트폴리오(주식+중기 국채, 주식+장기 국채)가 변동성의 영향을 덜 받으며 우상향하는 것을 확인할 수 있다.

증권사 해외 계좌에서 미국 주식을 사듯이 미국 ETF를 살 수 있다. 한국에 상장된 미국 ETF에 투자하려면 국내 증권계좌에서 한국 주식을 매수하듯이 한국 상장 미국 ETF를 비율에 맞추어서 매수한다. 리

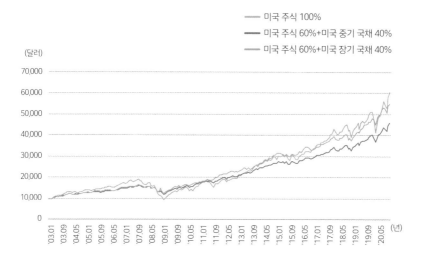

그림 7-3 | **6040 채권별 수익률** 2003~2020년

● **리밸런싱**: 운용하는 자산의 투자 비중을 재조정하는 것을 의미한다.

밸런싱Rebalancing*은 분기, 반기, 일 년 중 적절한 시기에 실시한다.

표 7-4는 6040전략의 리밸런싱 기간별 수익률을 나타냈다. 리밸런싱을 1년에 한 번 했을 때 수익률도 좋고 MDD도 낮아서 1년에 한 번으로도 충분하다는 점이 증명되었다. 여러 전략들을 살펴본 바, 오히려 리밸런싱 기간이 짧을수록 수익률이 좋았지만, 리밸런싱을 할 때 필수로 따라오는 슬리피지Slippage*와 거래비용을 생각한다면 반드시 짧은 것이 좋다고 말하기는 어렵다. 여기서 소개한 6040전략은 1년에 한 번만 리밸런싱을 해도 충분하다. 차곡차곡 주식을 모으는 적립식 매수 방법을 선택했다면, 매수할 때 리밸런싱을 하는 것도 좋다. 1년에 한 번 리밸런싱을 한다면 1년에 5분 정도 시간이면 충분하다.

📋 표 7-4	**6040전략 리밸런싱 기간별 실적** 2003~2020년					단위: %	
	1년		6개월		3개월	
	연환산 수익률 (CAGR)	최대낙폭 (MDD)	연환산 수익률 (CAGR)	최대낙폭 (MDD)	연환산 수익률 (CAGR)	최대낙폭 (MDD)
미국 주식 60% + 미국 중기 국채 40%	8.81	-26.78	8.71	-27.96	8.80	-28.71
미국 주식 60% + 미국 장기 국채 40%	9.93	-24.64	9.87	-26.02	9.98	-27.23

● **슬리피지**: 매수와 매도를 할 때, 원하는 가격과 다르게 체결되는 것을 의미한다. 백테스트의 경우 종가를 기준으로 하는 경우가 많은데 실제 거래는 장중에 이루어지므로 예상했던 체결 가격과 실제 체결 가격이 달라진다. 많은 경우 수익률 하락을 가져온다.

● 6040전략의 ETF, 어떤 걸 사야 좋을까?

포트폴리오 자산 중 미국 주식을 구성하는 ETF는 어떤 지수를 추종하는 펀드를 주식시장에서 거래할 수 있도록 상장시킨 것이다. 그러나 ETF는 일반 주식과는 달리 정해진 지수를 똑같이 따라가야 하는 숙명을 가졌다. 'KODEX200 ETF'를 다시 보자. 그림 7-4에서 KODEX200의 정보를 확인할 수 있다.

현재 거래 가격과 거래량, 거래대금 및 시가총액과 기초지수 정보가 있다. 우리가 유심히 봐야할 부분은 '기초지수'인데 KODEX200이 추종하는 지수는 '코스피 200'임이 보인다. 이렇듯 각 ETF에는 추종해야 하는 기초지수가 존재한다. KODEX200 ETF는 삼성자산운용에서 출시한 ETF 상품으로 2002년 10월 14일에 상장되었다. 한국거래

그림 7-4 | KODEX 200 ETF

소가 산출하는 '코스피200' 지수를 추종한다.

앞서 6040전략을 위해서 미국 S&P500 ETF와 미국채 10년물 ETF를 살펴보았다. 우리나라에 상장된 ETF는 2021년 2월 기준으로 S&P500지수 추종 ETF가 5개이며, 미국채 10년물 지수를 추종하는 ETF는 2개이다. 세계의 경제는 긴밀하게 연결되어 있고, 우리나라는 특히 미국 증시의 영향을 크게 받는다. 자산운용사에서는 다양한 상품을 계속해서 출시할 텐데 ETF를 선택할 때 어떤 점에 주의를 기울여야 하는지 알아보자.

주의 1 시가총액과 거래량의 문제

그림 7-4로 돌아가 보면 삼성자산운용에서 상장한 KODEX200의 시가총액은 5조 원을 조금 넘는 수준임을 확인할 수 있다. 당일 거래량은 870만 주 정도이다. 미래에셋자산운용의 TIGER200과 비교했을 때 그림 7-5의 기초지수는 코스피200으로 그림 7-4의 KODEX200과 동일한 지수를 추종함을 알 수 있다. 시가총액은 KODEX200의 절반인 2조 6000억 원을 조금 넘는다. 거래량은 130만 주로 KODEX200 대비 20퍼센트에 못 미치는 수준으로 거래된다. KODEX200과 TIGER200은 코스피200이라는 동일한 기초지수를 추종하지만 두 ETF는 시가총액과 거래량에서 큰 차이를 보인다. 이미 밝혔듯이 같은 기초지수를 추종한다고 해서 ETF를 구성하는 종목과 비율이 모두 같다는 뜻은 아니기 때문이다.

시가총액이 크면 거래금도 커진다. 그러면 호가창의 매수·매도 가

격 범위가 조밀하게 분포되어 매수·매도 시 큰 손해를 막을 수 있다.

시가총액은 곧 거래량과도 연결된다. 거래량이 적을 경우 투자자
의 가격 선택권이 줄어드는 결과로 이어진다. 부르는 가격에 살 수밖
에 없기 때문이다. 그림 7-6을 통해 시가총액과 거래량이 매도·매수
에 미치는 영향을 직접적으로 확인할 수 있다.

나열되어 있는 두 가지 종류의 호가 중 왼쪽 창의 푸른색 사각형
내용처럼 거래량이 충분하면 내가 사고 싶은 가격에 ETF를 매수할
수 있다. 그러나 오른쪽 창의 푸른색 사각형 내용처럼 거래량이 적다
면 내가 매수하면서 가격을 올리고 만다. 똑같이 10주를 매수한다고
했을 때 2주는 14,965원으로 원하는 가격에 살 수 있지만, 나머지 8주
는 10원 더 비싼 14,975원에 살 수밖에 없다. 같은 지수를 추종하더라
도 거래량이 큰 ETF를 선택하는 것이 유리한 이유이다. 거래량이 많
으면 기초지수와 매수 가격 간의 갭Gap이 작아 이점으로 작용한다.

그림 7-6 유사 시간대 S&P500 거래

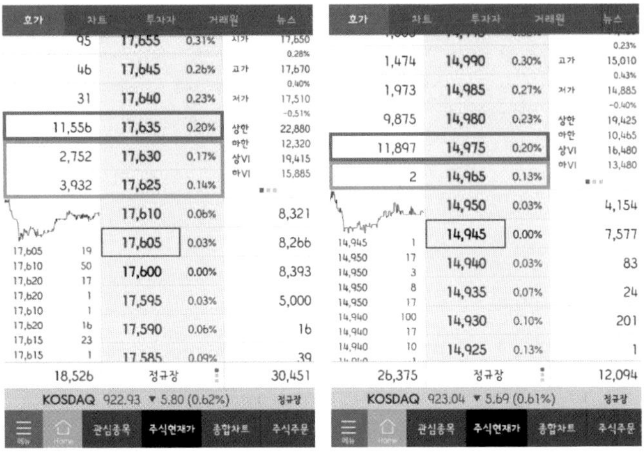

하지만 ETF를 개별 주식과 같은 거래로 생각해서는 곤란하다. 시가 총액이 크고 거래량이 많으면 유리하다는 뜻이지 그 반대로 추종하는 ETF가 하나뿐이고 거래량이 적으므로 거래해서는 안 된다는 의미가 아니기 때문이다. 걱정하지 않을 이유는 다음 내용으로 충분하다.

ETF는 개별 주식과 다르게 다행히 관리 주체LP, Liquidity Provider, 유동성 공급자가 존재한다. 거래량이 적은 개별 주식을 매수할 때는 여러 호가가 끝없이 올라가지만, ETF의 경우 오르고 내리더라도 지수에서 벗어나지 않도록 기관이 관리한다. ETF는 개별 주식과 비교했을 때 유동성이 매우 떨어진다. 투자자가 원하는 가격과 시간에 사고팔지 못할 가능성이 생긴다. 이러한 단점이 ETF의 장점을 반감시킬 우려가 있고, ETF 가격이 과격하게 변동할 경우에 추종하는 지수와의 차이도 커지므로 이를 방지하기 위해 공급기관에서는 가격범위를 제한하여 거래되도록 조절한다.

또 가격이 오차 범위를 장시간 넘어서게 되거나 시가총액이 50억 원 이하인 경우 ETF는 상장 폐지되므로 운용사에서는 이를 철저히 관리하려고 한다. 만약 상장 폐지될 경우, ETF 상품이 폐지되는 것이지, 개별 종목이 폐지되는 것이라 착각하지 않도록 주의가 필요하다.

결론적으로 ETF를 거래할 때는 시가총액이 크고 거래량이 많은 종목을 거래해야 원하는 가격에 사고팔 수 있는 장점을 충분히 활용할 수 있다.

주의 2 환율의 문제

같은 S&P500지수를 추종하는 ETF라 하더라도 환헤지할 때와 환언헤지할 때 수익률 차이가 난다. 환율이 오를 때는 환언헤지가 수익률에 유리하다.

나는 나스닥100 ETF를 환언헤지로 투자했을 때 환율의 중요성을 피부로 느꼈다. 나스닥 시장이 하락세였기 때문에 나스닥을 추종하는 ETF도 영향을 받을 수밖에 없었는데 반대로 환율은 올라서 시장이 하락세임에도 불구하고 수익은 플러스인 날이 종종 있었다. 환헤지와 환언헤지가 수익률에 영향을 미친다는 것을 안 이후에는 최종적으로 투자 상품을 선택하기 전에 환율의 헤지 여부까지 꼼꼼히 보게 되었다.

미국 경기가 좋으면 미국 주가도 상승하는데 환율은 경기가 좋을

수록 하락한다(달러 가치 하락). 미국의 경기가 좋으면 소비가 증가하면서 수요가 늘어난다. 미국의 수요 증가는 제조국인 우리나라의 수출 증가로 이어진다. 수출이 늘면서 한국시장에 달러가 유입된다. 유통되는 달러의 양이 많아지므로 달러 가치는 하락하고 원화 가치는 상승한다. 미국 경기가 좋으면 환율은 떨어지는 결과는 이러한 연쇄과정이 맞물렸기 때문이다.

이제 환율의 문제를 주식 자산에서 전체 포트폴리오 자산으로 확장해 보자. 앞서 6040전략을 따라 하며 미국 주식은 환헤지, 미국 채권은 환언헤지하는 것을 기본 설정값으로 정한다고 했다. 거래는 달러로 이루어지기 때문에 같은 수량의 주식을 사더라도 전보다 많은 원화가 필요하기 때문이다. 주식을 환언헤지하여 주식이 환율의 변동성까지 그대로 흡수하면 오히려 상승하고 있는 주가의 뒷다리를 잡아 넘어뜨리는 것과 같다.

반대로 채권은 경기가 좋지 않을 때 상승한다. 경기가 좋지 않으면 환율은 오른다(달러 가치 상승). 주가 하락으로 손실이 난 부분을 채권이 상승하여 얻은 차익으로 막을 수 있다. 이때 환율도 같이 오르면 손실은 더 줄어든다(같은 수량의 달러를 전보다 저렴하게 구매할 수 있음).

이렇듯 환율의 움직임은 투자에 중요한 영향을 미치므로 가입 시 꼭 따져보길 권한다.

주의 3 **운용수수료의 문제**

ETF는 주식과 펀드의 성격을 같이 지녔다. 운용사가 존재하며 펀드와 마찬가지로 수수료를 내야 한다. 그러나 펀드처럼 선취나 후취로 별도 비용을 지불할 필요 없이 ETF 가격에 수수료가 포함된다. 수수료 지불에 대해서는 따로 신경 쓰지 않아도 되지만 ETF 가격에서 수수료가 얼마나 비중을 차지하고 있는지는 고려해야 한다.

표 7-5에서는 S&P500지수를 추종하는 ETF의 수수료 현황을 비교하였다. 보통 선물 ETF나 헤지 상품은 환율 관리와 선물의 롤오버 rollover* 비용 등을 이유로 운용수수료를 높게 책정한다. 한국투자신탁과 미래에셋자산운용에서 S&P500지수 관련 ETF를 현물/환언헤지 투자 상품으로 출시하였는데 운용수수료가 연 0.07퍼센트로 굉장히 낮게 책정된 점이 눈에 띈다. 퇴직연금계좌로는 선물형 ETF를 운용

표 7-5 │ S&P500지수 추종 ETF의 수수료(2020. 12. 24. 종가 기준)

	선물/현물	환헤지/언헤지	현재가	거래량	시가총액	운용사	운용수수료
TIGER 미국 S&P500선물(H)	선물	헤지	4만 3,035원	19,128	1,452억 원	미래에셋 자산운용	연 0.30%
KODEX 미국 S&P500선물(H)	선물	헤지	1만 7,700원	52,553	1,000억 원	삼성 자산운용	연 0.25%
ARIRANG 미국S&P500(H)	현물	헤지	1만 5,045원	11,306	271억 원	한화 자산운용	연 0.30%
KINDEX 미국S&P500	현물	언헤지	1만 390원	160,673	935억 원	한국투자 신탁운용	연 0.07%
TIGER 미국S&P500	현물	언헤지	1만 275원	464,980	1,151억 원	미래에셋 자산운용	연 0.07%

● **롤오버**: 현물 인도 시점에 실제로 현물을 인도받지 않고, 다음 선물거래로 변경하는 것을 롤오버라고 하며, 이때 비용이 발생한다.

할 수 없지만 현물 ETF이기 때문에 퇴직연금계좌에서 운용이 가능한 점도 시선을 끌었다.

미국채 10년물에서도 같은 기준으로 판단한다. 국내에는 유사한 2개 상품이 상장되어 있다. 표 7-6에서 같이 비교하자.

ETF 종목을 선정할 때 수수료가 적절하게 책정되어 있는지도 살펴야 한다.

📟 표 7-6 | **미국채 10년물 ETF의 수수료(2020. 12. 24. 종가 기준)**

	선물/ 현물	환혜지/ 언혜지	현재가	거래량	시가 총액	운용사	운용 수수료
TIGER 미국채10년선물	선물	언혜지	1만 1,620원	53,315	442억 원	미래에셋 자산운용	연 0.29%
KODEX 미국채10년선물	선물	언혜지	1만 1,495원	12,375	115억 원	삼성 자산운용	연 0.30%

● 리밸런싱도 필요 없다, 'AOR ETF'

6040전략에 맞추어 ETF를 매수하고 1년 후 수익률에 따라 변형된 주식과 채권의 비율을 매수·매도를 통해서 다시 60:40으로 리밸런싱하며 포트폴리오를 관리한다. 1년 중 5분 쯤 시간을 투자해야 한다. 이번에는 그 시간마저도 필요 없는 방법을 소개하고자 한다. 바로 'AOR ETF'이다.

AOR ETF는 세계 최대 자산운용사인 블랙록_{BlackRock}자산운용사[●]에서 출시한 ETF이다. AOR은 티커에 해당하며 'iShares Core Growth

Allocation ETF'가 상품의 정식 명칭이다(이하 AOR). 참고로 iShares는 미국 블랙록자산운용사를 대표하는 ETF 상품을 뜻한다. 삼성자산운용의 KODEX나 미래에셋자산운용의 TIGER처럼 어느 곳에서 자산을 관리하는지를 알 수 있다.

그림 7-7에서는 AOR ETF의 투자 지역을 확인할 수 있다. AOR ETF는 미국 시장에 60퍼센트를 투자하고 다른 국가에 40퍼센트를 투자한다. 앞서 미국 시장을 이용한 6040전략은 미국 주식과 미국 국채만을 활용하지만, AOR ETF는 미국을 포함한 글로벌 주식에 60퍼센트를 투자하고, 글로벌 채권에 40퍼센트 투자한다는 차이를 보인다. 이처럼 AOR은 미국 시장 안에서 만의 움직임보다 세계 시장 경기에

그림 7-7 | **AOR ETF 투자 지역**

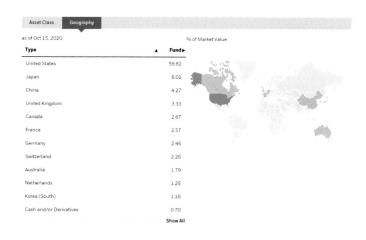

● **블랙록자산운용사**: 블랙록은 미국의 대형 자산운용사이다. 'iShares' ETF 상품이 대표적이다.

고루 영향을 받으므로 분산투자 효과를 얻을 수 있다.

AOR의 가장 큰 장점은 리밸런싱을 걱정할 필요가 없다는 것이다. 상품 자체에 리밸런싱이 포함된다. 슬리피지나 거래비용, 투자 시뮬레이션과 실제 수익률의 괴리를 걱정할 필요도 없다. 우리가 해야 할 일은 AOR ETF를 매수하는 것뿐이다.

아이의 계좌를 AOR ETF를 통해 관리한다면 어떨까. 아이의 계좌에서 많은 거래가 이루어질 경우 부모의 차명계좌로 의심받을 수 있다. 그러나 AOR ETF를 통한다면 매수 거래만 존재하기 때문에 의심에서 자유롭다. 차명계좌에 대한 걱정때문에 미국 대형주를 모을 수도 있다. 특정 주식 위주의 투자는 종목이 하락 구간일 때 견딜 수 없는 고통을 안긴다. 투자가 익숙하지 않고 리밸런싱이 부담스럽다면 AOR ETF 매수를 추천한다.

이미 알고 있듯이 어떤 투자도 완벽할 수 없다. AOR ETF도 예외는 아니다. 투자 비율의 60퍼센트를 차지하는 주식의 가격 변동이 수익률에 반영된다. 세계 주식이 하락할 경우 ETF 가격이 같이 떨어지는 경향이 있다. 또 미국 시장에만 투자하는 것보다 낮은 수익률을 감수해야 한다. 미국 외 국가의 성장성에도 영향을 받기 때문이다. 그럼에도 활용할 수 있는 장점이 더 크기 때문에 AOR ETF를 추천한다.

그림 7-8은 AOR ETF의 주식과 채권 비중을 나타낸 것이다. 주식 equity에 60퍼센트, 채권fixed income에 40퍼센트 투자를 확인할 수 있다.

표 7-7은 2009년부터 2020년까지 AOR ETF의 실적을 나타내었다.

그림 7-8 | AOR ETF의 주식과 채권 비중

표 7-7 | AOR ETF 실적 2009~2020년 단위: %

	연환산수익률 (CAGR)	최고의 해	최악의 해	최대낙폭 (MDD)
미국 주식 60% + 미국 중기 국채 40%	10.71	22.0	-2.3	-12.68
미국 주식 60% + 미국 장기 국채 40%	11.55	24.4	-3.4	-16.61
AOR 100%	8.95	19.0	-5.8	-13.50

같은 기간 미국 시장에 투자한 미국 주식+미국 중기 국채나 미국 주식+미국 장기 국채에 비해서 수익이 다소 떨어진다. 이것은 2008년 금융위기 이후 경기를 다시 살리고자 했던 미국 정부의 노력으로 미국 자산시장이 2010년대에 성장한 결과를 반영한다.

　AOR은 지난 11년간 연환산수익률 8.95퍼센트로 성과가 좋았다. 워낙 미국 시장이 홀로 상승하는 구간이 많아서 다소 수익률이 떨어져 보이지만 8퍼센트 이상의 좋은 성과를 거뒀다. 과거 실적을 바탕으로 아이 계좌의 수익을 예상해보자. 표 7-7의 연환산수익률 8.95퍼센트로 증여한 2000만 원을 30년간 운용한다면 2억 6000만 원이 된다. 표 7-8에서 처럼 시중은행 예금 금리에 따라 이자를 2~2.8퍼센트로 가정하여 예상한 저축액과 비교했을 때 30년 후 약 5~7배가량 차이 나는 것을 볼 수 있다.

📊 표 7-8 | 은행 금리와 AOR ETF 비교

	시중은행	저축은행	AOR
금리/수익률	2.00%	2.80%	8.95%
원금	2000만 원	2000만 원	2000만 원
30년 후 금액	3600만 원	4600만 원	2억 6100만 원

블랙록자산운용사에서는 AOR 외에도 주식과 채권 비율을 다양하게 구성한 ETF를 제공한다. 전통적 6040전략 기준에서 주식 비중을 줄여 보수적으로 운영하는 AOK와 AOM, 반대로 주식 비중을 늘려 공격적으로 운영하는 AOA 등 다양하게 활용해 볼 수 있다.

📊 표 7-9 | 블랙록자산운용사 주식:채권 비율별 ETF

ETF 상품	주식:채권 비율
AOK	3:7
AOM	4:6
AOR	6:4
AOA	8:2

표 7-10에서 각 ETF의 실적을 구체적으로 확인할 수 있다. 자산 구성 중 주식 비중이 높아질수록 연환산수익률은 커지고 MDD 또한 증가한다. 변동성이 큰 주식 자산이 많아질수록 수익률이 높아지지만

176

감수해야 할 위험도가 커진다는 의미이다. 2009년부터 2020년까지 미국 시장은 50퍼센트 이상의 하락을 한 번도 겪지 않았다. 따라서 MDD도 낮게 계산되어 있다. 표 7-11에서는 연환산수익률로 30년 후 아이 계좌의 자산을 예상해 보았다. 상품 특성상 리밸런싱 없이 사놓기만 해도 좋은 실적을 얻을 수 있다. 만약 투자 이후에 금융위기나 IT버블 급의 하락세를 겪는다면 표 7-10에 나타난 MDD 값이 적어도 두 배 이상으로 수정될 것이다. 수익이 크다는 이유로 주식 비중이 높은 ETF를 선정하면 그에 상응하는 위험도 감수해야 한다는 점을 반드시 기억하자.

표 7-10 AO-시리즈 ETF 실적 2009~2020년 　　　　　　　　　　단위: %

ETF 종류	연환산수익률(CAGR)	최고의 해	최악의 해	최대낙폭(MDD)
AOK	5.80	13.9	-3.1	-7.2
AOM	6.89	15.6	-3.9	-9.3
AOR	8.95	19.0	-5.8	-13.5
AOA	11.04	25.8	-7.9	-18.2

표 7-11 AO-시리즈 ETF 30년 후 예상 실적

ETF 종류	연환산수익률(CAGR)	원금	30년 후 금액
AOK	5.80%	2000만 원	1억 원
AOM	6.89%	2000만 원	1억 5000만 원
AOR	8.95%	2000만 원	2억 6000만 원
AOA	11.04%	2000만 원	4억 6000만 원

모든 계절에 대비할 수 있는
다기능 투자
: 올웨더 포트폴리오

예측하기 어려운 미래를 여러 방면에서 세분화하여 대비할 수 있다면 리스크를 좀 더 줄일 수 있지 않을까? 이번에는 '올웨더 포트폴리오'를 소개한다. 모든 경제 상황(올웨더)에서 통하는 전략의 필요성을 충족시키기 위해 고안되었다.

그렇다면 모든 경제 상황이란 무엇을 의미할까? 시장을 크게 성장 국면과 인플레이션 국면으로 구분하고 각각의 상승과 하락을 생각하면 4가지 경우를 고려할 수 있다. 여기에 모든 경제 상황을 반영했다고 가정한다. 각각 4개의 국면에서 상승하는 자산군을 적절한 비율로 선성하면 전체직인 대응이 가능해진다. 4가지 국민을 사계절에 비유하기도 하며, 계절이 내내 바뀌어도 지속적인 상승을 계획할 수 있다는 점이 이번 전략의 핵심이다. 그래서 올웨더 전략이라 이름 붙여졌다. 어떻게 활용할 수 있는지 같이 살펴보자.

● 올웨더 포트폴리오의 시작, 레이 달리오

성장과 인플레이션의 4개 국면에 대응하기 위한 전략이 올웨더 포트폴리오이다. 이 전략은 세계 최대 헤지펀드Hedge Fund* 회사인 브리지워터 이소시에이츠Bridgewater Associates 회장, 레이 달리오Ray Dalio가 만들었다. 그는 2008년 세계 금융위기 이전에 위기 경고를 1~2개월 오

● **헤지펀드**: 사모펀드의 일종으로 기업 가치 상승에 의한 수익이 목적이다. 일반 사모펀드와 비교했을 때 헤지펀드는 단기적이고 투기적인 상품에 주로 투자하여 수익 극대화를 추구한다.

차로 예측하면서 유명세를 탔다. 위기 국면에서도 포트폴리오를 활용하여 자신의 회사를 세계 자산 1위의 헤지펀드 회사로 키워냈다. 레이 달리오가 직접 더빙까지 해서 유명한 '경제는 어떻게 작동하는가?How The Economic Machine Works'*란 제목의 유튜브 영상은 해외뿐만 아니라 국내에서도 화제가 되어 인기가 높았다. 그는 글로벌 매크로 전략은 전 세계 금리, 채권, 주가, 환율, 통화정책 등의 각 요소가 복합적으로 상호 작용하면서 형성된 경제 사이클을 이용한다고 주장했다. 2018년《레이 달리오의 금융 위기 템플릿A Template for Understanding Big Debt Crises》라는 책을 출판하기도 했다.

브리지워터사社가 운용하는 투자 상품으로는 퓨어알파 펀드와 올웨더 펀드가 있다. 펀드 운용에 관한 세부적인 내용은 공개되지 않아서 자세하게 파고드는 것은 한계가 있다. 하지만 토니 로빈스Tony Robbins가 그의 저서《머니MONEY Master the Game》에서 레이 달리오를 인터뷰하며 올웨더 전략을 일반인들도 적용해 볼 수 있도록 힌트를 줬다. 그러나 토니의 책에 소개된 전략은 브리지워터사가 실제로 운용하는 올웨더 전략과는 차이가 있다. 이를 구별하기 위해서 올시즌스 전략이라고 따로 부르기도 한다.

그림 8-1은 성장과 인플레이션의 상승과 하락 국면에서 각각의 자산을 선별한 것이다. 4가지 국면에 위험(변동성)을 분산시키면 어떠한 위기에도 대응할 수 있다는 개념이다. 위험Risk을 균등Parity하게 분산

● www.youtube.com/watch?v=PHeObXAIukO

그림 8-1 주식과 채권의 비중

	성장	인플레이션
상승	25% Risk • 주식 • 신흥국 채권 • 상품 • 회사채	25% Risk • 물가연동 채권 • 상품 • 신흥국 채권
시장 기대치		
하락	25% Risk • 채권 • 물가연동 채권	25% Risk • 주식 • 채권

한다는 뜻으로 '리스크 패리티Risk Parity' 전략이라고 한다. 레이 달리오가 소개한 포트폴리오는 표 8-1과 같다. 크게 주식 30퍼센트, 채권 55퍼센트, 실물(금, 상품) 15퍼센트로 구성된다. 주식, 채권, 실물의 투자 비중을 3:5:2의 비율로 기억하면 좋다.

표 8-1 올웨더(올시즌스) 포트폴리오 자산 비중

자산	비중
주식	30%
단기채권	15%
장기채권	40%
금	7.5%
상품	7.5%

● 자산의 위험도를 동등하게 맞추는 리스크 패리티 전략

리스크 패리티 전략은 1950~1960년대에 개발되었고, 브리지워터사에서 이를 이용하여 '올웨더'라는 펀드 상품을 최초로 출시했다. 2005년 판아고라자산운용ₚₐₙAgora Asset Management의 에드워드 퀴안Edward Qian이 리스크 패리티란 단어를 만든 이후 자산 관리 업계에서 채택하였고, 연금기금, 재단 등에서 리스크 패리티 전략을 사용하고 있다.

이 전략은 전통적인 방식의 6040전략보다 변동성(위험)을 관리하기에 안정적이다. 일반적으로 포트폴리오 전체 위험도에는 채권보다 주식이 더 크게 관여하도록 구성된다. 주식의 수익률이 더 높기 때문이다. 리스크 패리티 전략은 각 자산의 리스크(위험)를 동등하게 맞추기 위해서 주식의 비중을 낮추고 채권의 비중을 높인다. 그러면 주식과 채권 전체 포트폴리오의 변동성이 같아진다.

그림 8-2는 6040전략을 나타낸 것이다. 포트폴리오 자산은 주식 60퍼센트, 채권 40퍼센트 비율로 구성된다. 그러나 위험성 비중을 따져보면 주식은 90퍼센트, 채권은 10퍼센트로 크게 차이가 난다. 리스크를 균등하게 맞추려면 주식 비중을 낮추고 채권 비중을 더 높일 필요가 있다.

표 8-2는 주식대 채권의 투자비율이 60대 40인 6040전략의 위험 기여도를 나타낸다. 6040전략에서 2003년부터 2020년까지 위험 기여도를 살펴보면 주식이 99.5퍼센트이고, 채권은 0.5퍼센트임을 알수 있다. 채권은 위험 기여도가 거의 없는 수준이다. 기간이 길어지

그림 8-2 6040전략: 자산 배분과 자산의 위험성 비중

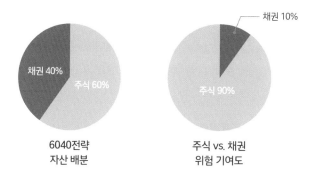

채권 10%

채권 40%
주식 60%

주식 90%

6040전략
자산 배분

주식 vs. 채권
위험 기여도

표 8-2 6040전략의 위험 기여도 2003~2020.09.

	ETF 티커	ETF 이름	비율	위험 기여
미국 주식	IVV	iShares Core S&P500 ETF	60%	99.5%
미국 중기 국채	IEF	iShares 7-10 Year Treasury Bond ETF	40%	0.5%

표 8-3 동등 위험 기여를 위한 미국 주식과 미국 중기 국채 비율 2003~2020.09.

	ETF 티커	ETF 이름	비율	위험 기여
미국 주식	IVV	iShares Core S&P500 ETF	32%	51.4%
미국 중기 국채	IEF	iShares 7-10 Year Treasury Bond ETF	68%	48.6%

면 그림 8-2의 주식대 채권의 위험 기여도와 비슷해질 것이다. 그렇다면 6040전략의 비중을 어느 정도 조절해야 주식과 채권이 동등한 위험 기여도를 확보할 수 있을까?

표 8-3에서는 미국 주식과 미국 채권으로 구성된 포트폴리오에서 위험 기여도를 동등하게 만들기 위해 자산 구성을 조정했다. 주식 32

퍼센트, 채권 68퍼센트로 자산을 구성해야 위험 기여도를 50퍼센트 수준으로 동일하게 맞출 수 있다. 앞의 올웨더 포트폴리오에서 주식, 채권, 실물의 비율을 3:5:2로 정했는데 거의 비슷한 결과를 보였다.

한국형 올웨더 포트폴리오

표 8-4는 올웨더 포트폴리오 실적을 나타낸다. 2003년에서 2020년까지 13년간 연환산수익률은 8.04퍼센트이고 MDD도 -12퍼센트로 낮은 수준이다. 금융위기가 있었던 시기를 감안하고서도 MDD -12퍼센트는 대단한 방어 능력이다. 그림 8-3은 2007년부터 2020년까지 실적을 그래프로 나타냈다. 큰 낙폭 없이 우상향하는 것을 볼 수 있다.

이제 레이 달리오가 제시했던 올웨더 포트폴리오를 우리의 투자 실정에 맞게 일부 수정하려고 한다. 먼저, 레이 달리오의 올웨더 포트폴리오 비율대로 시중의 ETF 상품을 구성하면 표 8-5와 같다. 올웨더 포트폴리오에서 각 ETF가 차지하는 비율은 그림 8-4로도 쉽게 확인할 수 있다.

표 8-4 | 올웨더 포트폴리오 실적 2007~2020.09.   단위: %

전략	연환산수익률(CAGR)	최고의 해	최악의 해	최대낙폭(MDD)
올웨더 포트폴리오	8.04	18.3	-3.3	-12.0

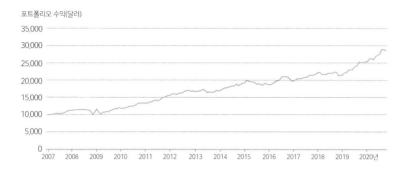

그림 8-3 올웨더 포트폴리오 실적 2007~2020년

포트폴리오 수익(달러)

표 8-5 올웨더 포트폴리오로 구성한 ETF

	ETF 티커	ETF 이름	비율
미국 주식	VTI	Vanguard Total Stock Market ETF	30%
미국 장기 국채	TLT	iShares 20+ Year Treasury Bond ETF	40%
미국 중기 국채	IEF	iShares 7-10 Year Treasury Bond ETF	15%
상품(원자재)	DBC	Invesco DB Commodity Index Tracking Fund	7.5%
골드	GLD	SPDR Gold Shares	7.5%

아이 계좌를 해외 ETF로 구성하고 싶다면 표 8-5를 참고하길 바란다. 환전 및 세금과 관련된 복잡한 상황을 정리하기 어렵거나 초기에 실전 투자와 공부를 병행할 부모들에게는 표 8-5의 구성보다는 한국 상장 해외 ETF가 더 쉬울 것이다. 《할 수 있다 퀀트 투자》 저자이자 유튜버인 강환국 님 역시 한국형 4계절(올웨더) 포트폴리오를 제시한 바 있다.

그림 8-4 | 올웨더 포트폴리오 EFT 구성 비율

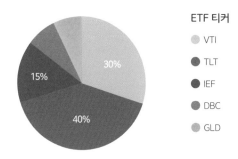

ETF 티커
- VTI
- TLT
- IEF
- DBC
- GLD

나는 한국 상장 해외 ETF로 구성한 한국형 올웨더 포트폴리오를 표 8-6과 같이 제안한다.

표 8-6 | 한국형 올웨더 포트폴리오 구성 비율

	구성	ETF 이름	비율	비율합
주식	글로벌 주식	KODEX 선진국MSCI WORLD	12%	30%
	나스닥지수	TIGER 미국나스닥100	9%	
	S&P500지수	TIGER 미국S&P500선물(H)	9%	
채권	미국채 10년	TIGER 미국채10년선물	20%	50%
	미국채 30년	KODEX 미국채울트라30년선물(H)	30%	
실물	미국 리츠*(부동산)	TIGER 미국MSCI리츠(합성 H)	12.5%	20%
	금	KODEX 골드선물(H)	7.5%	

👆 여기서 잠깐

● **리츠란?**

리츠REITs란 Real Estate Investment Trust의 약자이다. 부동산에 투자하여 수익을 창출하는 회사를 의미한다. 리츠 ETF는 부동산투자 회사에 분산 투자한 상품이다. 리츠는 여러 사람에게서 투자금을 모아서 부동산을 매매, 임대, 개발함으로써 수익을 얻는다. 개인이 큰 건물을 통째로 매수하는 것은 어렵지만 리츠회사(또는 ETF 상품)에 투자하는 것은 소액으로도 가능하다. 또한 임대 수익을 배당금으로 주는 리츠가 많아서 배당투자로도 많이 활용한다. 소액으로 부동산에 투자하는 것이라 이해하면 쉽다.

주식, 채권, 실물을 3:5:2 비율 이내에서 세부 구성을 조정한다고 하더라도 큰 틀에서 변화는 없을 것이라 예상한다.

표 8-6에서 제시한 한국형 올웨더 포트폴리오에 대응되는 미국 상장 ETF도 생각해 볼 수 있다. 한국 상장 해외 ETF는 상장한 역사가 짧다. 더 긴 시간의 성과를 백데스트하려면 ETF가 추종하는 지수 데이터를 찾아서 계산을 할 수도 있을 것이다. 나는 누구나 편하게 성과를 확인해 볼 수 있도록 동일한 ETF나 유사 지수를 추종하는 미국 상장 ETF를 표 8-7에 대응시켰다.

표 8-7 | 한국형 올웨더 ETF와 동일 지수를 추종하는 미국 ETF

구성	한국 상장 미국 ETF	미국 상장 미국 ETF(티커)
글로벌 주식	KODEX 선진국MSCI WORLD	iShares MSCI World ETF(URTH)
나스닥지수	TIGER 미국나스닥100	Invesco QQQ Trust(QQQ)
S&P500지수	TIGER 미국S&P500선물(H)	iShares Core S&P500 ETF(IVV)
미국채 10년	TIGER 미국채10년선물	iShares 7-10 Year Treasury Bond ETF(IEF)
미국채 30년	KODEX 미국채울트라30년선물(H)	iShares 20+ Year Treasury Bond ETF(TLT)
미국 리츠	TIGER 미국MSCI리츠(합성 H)	Vanguard Real Estate ETF(VNQ)
금	KODEX 골드선물(H)	iShares Gold Trust(IAU)

실적 확인을 위한 백테스트는 편의성을 위해서 미국 상장 미국 ETF로 대신한다. 그 이유는 두 가지를 들 수 있다. 첫 번째는 동일한 지수를 추종하는 ETF임에도 우리나라에서 상장된 지 1~2년밖에 되지 않은 ETF들이 많아 백테스트 기간에 한계가 있기 때문이다. 그래서 동일 지수를 추종하는 미국 상장 ETF로 대체해서 사용하였다. 환율 때문에 일부 차이가 나지만 언제든지 평가할 수 있고, 추종지수가 동일하므로 큰 흐름은 같다. 두 번째는 독자분들의 편의성을 위해서다. 투자 후에 백테스트는 반드시 필요한 부분인데, 데이터를 엑셀로 다운 받아서 백테스트를 진행하기에는 방법이 너무나도 복잡하기 때문이다. 미국 상장 ETF로 포트폴리오를 구성할 경우 과거 실적을 백테스트하는 방법은 부록 1에 실어 놓았다. 쉽게 따라 하면서 여러분들에게 맞는 포트폴리오 구성을 새롭게 할 때 도움이 되었으면 한다.

표 8-8은 2013년부터 2020년까지 한국형 올웨더 포트폴리오의 실적을 나타낸 것이다. 연환산수익률 8.63퍼센트, MDD -8.1퍼센트의 훌륭한 성과를 보여준다. 그림 8-5는 한국형 올웨더 포트폴리오의 실적을 나타낸 그래프이다. 큰 낙폭 없이 꾸준히 우상향함을 볼 수 있다.

| 표 8-8 | 한국형 올웨더 포트폴리오 실적 2013~2020년 | 단위: % |

전략	연환산수익률(CAGR)	최고의 해	최악의 해	최대낙폭(MDD)
한국형 올웨더 포트폴리오	8.63	20.5	-2.6	-8.1

그림 8-5 | 한국형 올웨더 포트폴리오 실적 2013~2020년

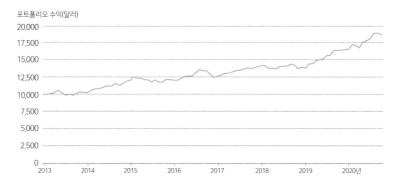

포트폴리오 수익(달러)

그림 8-6은 한국형 올웨더 포트폴리오의 최대낙폭을 나타내는 그래프이다. 2016년 말 중국 주식 폭락 당시 하락한 -8퍼센트가 가장 큰 하락 폭이었다. 2020년 3월 발생한 코로나19의 위기에도 한국과 미국의 주가시장은 -30퍼센트 하락한 반면 한국형 올웨더 포트폴리오는 최대낙폭이 -3퍼센트에 그쳤다. 이로써 올웨더 포트폴리오 전

그림 8-6 | 한국형 올웨더 포트폴리오 최대낙폭 2013~2020년

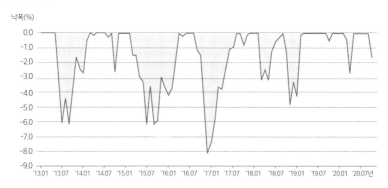

낙폭(%)

략의 강력한 방어력을 다시 한 번 확인할 수 있었다.

한국형 올웨더 포트폴리오는 직장인들이 연말정산을 위해서 가입하는 연금저축펀드(증권사)에서도 운용이 가능하도록 구성되었다. 자녀 계좌뿐만 아니라 부모의 증권계좌로도 투자할 수 있으니 참고하면 좋겠다. 표 8-8의 한국형 올웨더 포트폴리오 실적을 바탕으로 자녀 비과세 증여금 2000만 원을 운용했을 때 미래 가치를 예상해 보자. 표 8-9에서 볼 수 있듯이 초기 투자금 2000만 원은 30년 후 2억 4000만 원이 된다.

📊 표 8-9 | 한국형 올웨더 포트폴리오 30년 투자 예상 실적

전략	연환산수익률(CAGR)	원금	30년 후 금액
한국형 올웨더 포트폴리오	8.63%	2000만 원	2억 4000만 원

● 한국형 올웨더 포트폴리오 따라 하기

한국형 올웨더 포트폴리오처럼 여러 종목을 담아 자산을 관리하려면 비중을 맞추어 매수해야 한다. 표 8-6에서 소개한 한국형 올웨더 포트폴리오 구성을 기준으로 투자 금액을 각각의 비율에 맞게 배분하면 표 8-10과 같다. 예를 들어 400만 원으로 투자한다면 400만 원을 각 ETF의 비율 3:5:2로 나눈다.

이제 나눈 금액으로 ETF를 매수해 보자. 표 8-11은 2020년 1월 2

표 8-10 비율에 따른 종목별 매수 금액

구성		ETF 이름	비율	금액
주식	글로벌 주식	KODEX 선진국MSCI WORLD	12%	48만 원
	나스닥지수	TIGER 미국나스닥100	9%	36만 원
	S&P500지수	TIGER 미국S&P500선물(H)	9%	36만 원
채권	미국채 10년	TIGER 미국채10년선물	20%	80만 원
	미국채 30년	KODEX 미국채울트라30년선물(H)	30%	120만 원
실물	미국 리츠	TIGER 미국MSCI리츠(합성 H)	12.5%	50만 원
	금	KODEX 골드선물(H)	7.5%	30만 원
합계			100%	400만 원

표 8-11 400만 원 기준 ETF별 필요 매수량

ETF 이름	비율	금액	주가	매수 가능 수량	매수 수량	매수 금액
KODEX 선진국MSCI WORLD	12%	48만 원	15,140	31.7	31	46만 9,340원
TIGER 미국나스닥100	9%	36만 원	45,605	7.9	8	36만 4,840원
TIGER 미국S&P500선물(H)	9%	36만 원	38,000	9.5	10	38만 원
TIGER 미국채10년선물	20%	80만 원	11,250	71.1	71	79만 8,750원
KODEX 미국채울트라30년선물(H)	30%	120만 원	11,435	104.9	104	118만 9,240 원
TIGER 미국MSCI리츠(합성 H)	12.5%	50만 원	13,975	35.8	35	48만 9,125원
KODEX 골드선물(H)	7.5%	30만 원	10,845	27.7	28	30만 3,660원
	100%	400만 원				399만 4,955원

일 종가 기준으로 400만 원을 투자하여 한국형 올웨더 포트폴리오를 구성할 경우 각 ETF에 할당되는 금액과 매수 수량을 나타낸 것이다. ETF에 할당된 금액을 현재 시점의 ETF 주가로 나누면 매수 수량을 확인할 수 있다. 산출된 숫자는 소숫점 자리까지 확인하여 수량을 결정한다. 총 투자액 400만 원을 초과하는지 체크한다. 만약 매수 가능 수량의 소숫점 오차로 매수 금액이 투자금액을 일부 넘어서는 경우 일부 종목에서 매수 수량을 줄여서 400만 원에 맞춘다.

만약 1월 2일 저녁 종가를 기준으로 매수할 수량을 확정하여 1월 3일에 매수한다면, 매수해야 할 종목의 수량은 1월 2일 종가 기준으로 작성되었으므로, 1월 3일 거래가와 달라진다. 거래 변동성 때문에 생기는 오차 범위도 예상해 둔다.

● 리밸런싱은 언제가 적당할까?

자산 배분 전략은 일정 기간 이후 리밸런싱이 필요하다. 앞서 표 8-10에서 비율에 맞게 매수한 종목은 시간이 지남에 따라 표 8-12와 같이 가격이 변동하고 전체 금액에서 차지하는 비중이 달라진 것을 알 수 있다.

표 8-12에서 글로벌 주식 KODEX 선진국MSCI WORLD ETF는 전체 자산 중 11.4퍼센트를 차지한다. 목표 비율은 12퍼센트이므로 0.6퍼센트만큼 추가로 매수한다. TIGER 미국나스닥100 ETF는 전체 자

표 8-12 ETF별 비율 변화와 조정 결과(2020. 12. 24. 종가 기준)

	매수 주가	매수 수량	매수 금액	현재 주가	현재 평가액	평가액 비율	목표 비율	조정 비율
KODEX 선진국MSCI WORLD	15,140	31	46만 9,340원	16,310	50만 5,610원	11.4%	12%	0.6%
TIGER 미국나스닥100	45,605	8	36만 4,840원	62,690	50만 1,520원	11.3%	9%	-2.3%
TIGER 미국S&P500선물(H)	38,000	10	38만 원	43,035	43만 350원	9.7%	9%	-0.7%
TIGER 미국채10년선물	11,250	71	79만 8,750원	11,620	82만 5,020원	18.7%	20%	1.3%
KODEX 미국채울트라30년선물 (H)	11,435	104	118만 9,240원	13,235	137만 6,440원	31.1%	30%	-1.1%
TIGER 미국MSCI리츠(합성 H)	13,975	35	48만 9,125원	12,105	42만 3,675원	9.6%	12.5%	2.9%
KODEX 골드선물(H)	10,845	28	30만 3,660원	12,895	36만 1,060원	8.2%	7.5%	-0.7%
			399만 4,955원		442만 3,675원	100.0%	100.0%	0.0%

표 8-13 리밸런싱 결과(2020. 12. 24. 종가 기준)

	현재 주가	조정 비율	조정 금액	조정 수량	매수 매도 수량	최종 조정 금액
KODEX 선진국MSCI WORLD	16,310	0.6%	25,231	1.5	1	16,310
TIGER 미국나스닥100	62,690	-2.3%	-103,389	-1.6	-1	-62,690
TIGER 미국S&P500선물(H)	43,035	-0.7%	-32,219	-0.7	-1	-43,035
TIGER 미국채10년선물	11,620	1.3%	59,715	5.1	5	58,100
KODEX 미국채울트라30년선물(H)	13,235	-1.1%	-49,338	-3.7	-4	-52,940
TIGER 미국MSCI리츠(합성 H)	12,105	2.9%	129,284	10.7	10	121,050
KODEX 골드선물(H)	12,895	-0.7%	-29,284	-2.3	-3	-38,685
		0.0%	-0			-1,890

산 중 11.3퍼센트를 차지한다. 2020년 나스닥 시장이 많이 상승한 결과가 그대로 반영되었다. 목표 비율은 9퍼센트이므로 2.3퍼센트를 매도한다. 이렇게 각각의 비중을 조절하여 다시 처음의 목표 비중으로 조정하는 것을 리밸런싱이라고 한다.

표 8-13은 표 8-12에서 확인했던 비율을 기준 주가에 맞추어 리밸런싱한 결과를 말해 준다. 초기 매수에서 필요한 매수량과 금액을 비교했던 것처럼 이번에도 금액을 넘지 않는 범위에서 소숫점 첫째 자리까지 고려하여 매수·매도량을 결정한다.

자산을 구성한 것만으로 이미 충분한 것 같은데, 왜 리밸런싱이 필요할까? 리밸런싱으로 얻을 수 있는 효과를 살펴보자.

표 8-14에서는 한국형 올웨더 포트폴리오를 기준으로 2013년부터 2020년까지 리밸런싱 수행 기간에 따른 수익률과 낙폭을 나타내었다. 리밸런싱 기간을 짧게 가져갈수록 수익은 증가하고 '최악의 해' 항목에서 수익률 하락은 점점 줄어드는 것을 알 수 있다. 위험대비 수익을 나타내는 샤프지수Sharpe Ratio도 리밸런싱 기간이 짧을수록 개

▦ 표 8-14 한국형 올웨더 포트폴리오의 리밸런싱 기간별 수익률 2013~2020년

리밸런싱 기간	연환산수익률 (CAGR)	최고의 해	최악의 해	최대낙폭 (MDD)	샤프지수
리밸런싱 안 함	9.53%	23.34%	-2.95%	-7.12%	1.09
연 1회 리밸런싱	8.63%	20.50%	-2.61%	-8.14%	1.10
연 2회 리밸런싱	8.67%	20.30%	-2.45%	-7.70%	1.11
연 4회 리밸런싱	8.83%	20.54%	-2.05%	-7.83%	1.12

선된다. 즉 리밸런싱은 수익률을 증가시키고 위험(낙폭)을 줄이는 데 기여한다.

하지만 리밸런싱 기간이 짧다고 해서 무조건 좋다고 말할 수도 없다. 리밸런싱을 할 때 매매 수수료가 발생하고 계획한 목표가에 매수할 수 없는 슬리피지로 효과가 반감될 수 있기 때문이다. 표에서 볼 수 있듯이 정적 자산 배분에 있어서 리밸런싱 횟수가 수익률에 큰 차이를 가져오지는 않는다. 더욱이 올웨더 포트폴리오는 변동성이 크지 않으므로 연 1회 리밸런싱으로 충분하다. 변동성이 큰 포트폴리오에 투자할 때는 리밸런싱 기간도 검토해야 한다.

_{여기서 잠깐}

● 샤프지수_{Sharpe Ratio}란?

위험자산에 투자해서 얻는 초과 수익의 정도를 나타내는 지표이다. 1990년 노벨경제학상을 받은 미국의 윌리엄 샤프_{William F. Sharpe}가 개발했다. 샤프지수는 펀드수익률에서 무위험채권인 국공채 수익률을 뺀 값을 펀드수익률의 표준편차로 나눈 값이다.

즉 '$\dfrac{\text{펀드수익률 − 국공채수익률}}{\text{펀드수익률 표준편차}}$' 식으로 계산된다.

샤프지수가 클수록 펀드 수익률이 우수하다. 위험을 부담한 대가로 얻은 수익률이기 때문이다.

● 리밸런싱이 필요 없는 리스크 패리티 전략 'RPAR ETF'

7장에서 6040전략을 실행하는 방법 중 하나로 AOR ETF를 소개했다. 이와 유사한 방식으로 리스크 패리티 전략을 추종하는 ETF도 있다. 바로 'RPARRisk Parity ETF'이다. 토로소인베스트먼트Toroso Investments 운용사에서 2019년 12월에 출시한 상품이다. 글로벌 주식, 미국 채권, 상품, 물가연동채 등 4가지 주요 자산에 투자 자산을 배분한다. 앞서 AOR ETF처럼 RPAR ETF 역시 리밸런싱이 필요하지 않다.

블랙록처럼 거대 자산운용사에서 운용하는 상품이 아니고 최근에 출시되어 역사가 짧아 수익률 데이터가 충분하지 않다는 단점이 있다. 그림 8-7은 RPAR ETF의 성과를 나타낸 것인데 2020년 1월부터 9월까지의 수익률은 11.03퍼센트로 확인되었다. 코로나19 바이러스가 전 세계를 휩쓸기 시작한 3월 이후 경제 상황과 한자리수 후반대의 기대 수익률을 예상하는 정적 자산 배분을 생각하면 양호한 수준이라 말할 수 있다.

그림 8-7 | **RPAR ETF 실적** 2020년

PERFORMANCE

| | As of September 30, 2020 | | | As of September 30, 2020 | | | | |
	MTD	QTD	YTD	QTD	YTD	1 YEAR	3 YEAR	SINCE INCEPTION
Market Price	-1.76%	5.06%	11.03%	5.06%	11.03%	-	-	11.84%
Fund NAV	-1.86%	5.27%	10.96%	5.27%	10.96%	-	-	11.69%
Benchmark Index	-2.07%	5.46%	12.76%	5.46%	12.76%	-	-	14.07%

그림 8-8은 RPAR ETF에 관한 간단한 정보를 확인할 수 있다. 2020년 12월 기준, 자산은 7억 5791만 달러(원화 약 8458억 원)정도이고, 평균 거래량은 25만 3,144주 수준이다. 보수료는 0.5퍼센트로 앞서도 말했

그림 8-8 | RPAR ETF 정보

듯이 미국 시장에서 규모가 크거나 거래량이 많은 편이라 말하기 어렵다. ETF를 매수할 때 확인해야 할 사항에서 말했던 것처럼 규모가 크지 않고, 거래량도 많지 않으면 매수·매도 시 원하는 가격에 사고팔기 어려운 경우가 생길 수 있으므로 이점은 유의해야 하지만, 한국 시장 ETF보다 규모가 크기 때문에 매수·매도에 따른 큰 불편함은 없을 것으로 예상된다.

2020년 3월 코로나19로 인한 시장 하락에도 MDD는 -6.48퍼센트로 비교적 방어가 잘 이루어졌다. 일일 최대 -21퍼센트까지 하락했지만 월 기간 중 회복하여 MDD를 줄일 수 있었다. RPAR ETF의 거래량이 조금씩 증가하는 것은 좋은 징후이다. 거래를 서두르기보다는 우선 자산이 이해할 수 있는 범위 내에서 운용될 때까지 기다렸다가 매수해도 늦지 않다. 관심 ETF에 넣어 두고 추이를 잘 지켜보는 것이 좋겠다.

창과 방패를 모두 가진 투자

: 가속 듀얼 모멘텀

물체는 한번 움직이면 계속 같은 방향으로 움직이려는 성질이 있다. 이 특성은 주식을 포함한 자산시장에도 적용되어서 한번 상승한 자산은 방향을 바꾸기 전까지 계속 상승을 이어가려고 한다. 상승세를 보이는 종목이 더 오를 것이라 믿고 매수하여 수익을 내는 것이 모멘텀 전략의 기본이다. 한 마디로 달리는 말에 올라타는 것과 같다. 이번에는 매수하려는 종목의 과거 수익률을 비교하여 양수일 때 자산을 보유하는 절대 모멘텀과 다른 자산군과 비교해서 수익이 더 좋은 자산군을 선택하는 상대 모멘텀, 그리고 두 가지 모멘텀의 장점을 결합한 듀얼 모멘텀 전략을 알아본다. 듀얼 모멘텀Dual Momentum Investing은 수익률이 양수이면서 제일 잘 나가는 자산군에 투자하는 것이라 말할 수 있다.

● 모멘텀은 달리는 말과 같다

모멘텀Momentum은 본래 물리학에서 사용하는 개념이다. 물체의 운동량이나 추진력을 의미한다. 물리학의 모멘텀과 달리 주식시장의 모멘텀은 과거의 어느 시점부터 현재까지 가격 변화를 나타내며 주가가 상승하거나 하락하는 방향을 정하면 추세가 한동안 지속된다고 가정한다.

기업의 신규 계약에 대한 수주 발표가 향후 주가 상승의 모멘텀으로 작용한다는 표현 등으로도 사용할 수 있다. 그래서 모멘텀을 나타내는 지표를 매수 진입과 청산 시점의 기준으로 사용하는 경우가 많다. 모멘텀을 나타내는 여러 기준 중에서 가장 인기 있는 지표는 200일(10개월) 이동평균선이다.

그림 9-1에서 모멘텀 투자의 한 예를 살펴보자. S&P500지수를 추종하는 SPDR S&P500 ETF(SPY)* 차트에서 200일(10개월) 이동평균선을 이용하여 투자한 것이다. 상승 돌파(빨간색) 시 매수, 하락 돌파(파란색) 시 매도하는 방법으로 수익을 낸다.

모멘텀 투자는 주식시장에서 일어나는 일들에 대해서 과잉 반응하거나 과소 반응하는 투자자들의 심리를 이용한다. 인기가 높은 자산은 가치가 상승할 가능성이 크기 때문에 자연히 수익률도 상승할 가능성이 높다.

그림 9-1   **SPDR S&P500 ETF 10개월 이동평균선**

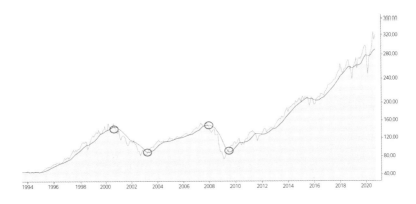

● **SPY**: 스탠더드 앤드 푸어스Standard and Poor's사의 S&P500지수를 추종하는 ETF 상품이다. 세계에서 가장 규모가 큰 ETF로 알려져 있다.

● **이동평균선 알고 가기**

일정 기간의 주가(종가)를 더해서 평균하면 주가이동평균을 구할 수 있다. 주가이동평균을 연결하면 하나의 선이 나타나는데 바로 '이동평균선'이다. 만약 5일 이동평균선을 구하려면 기준 날짜를 포함한 최근 5일의 종가를 더해서 5로 나눈 값(5일 종가 평균) 끼리 잇는다. 이동평균선은 주가가 한번 방향을 정하면 지속해서 그 방향으로 움직이는 특성을 가진다는 모멘텀의 특성과 관련된다. 이동평균선으로 주가의 방향성을 판단할 수 있다. 주가 추세를 확인할 때 사용하는 이동평균선으로는 장기(120일), 중기(60일), 단기(5, 20일) 이동평균선이 있다.

● 수익률 하락을 방어하는 절대 모멘텀

이번 장에서는 듀얼 모멘텀을 이용한 투자 전략을 살펴본다. 모멘텀은 수익의 절댓값이 절대로 마이너스가 될 리 없는 절대 모멘텀과 여러 자산 중에서 상대적으로 수익률이 높은 자산을 선택하는 상대 모멘텀이 있다. 두 가지 장점을 활용하는 전략이 듀얼 모멘텀이다. 꿩도 먹고 알도 먹는 전략이라 할 수 있다.

먼저 절대 모멘텀부터 알아보자. 앞에서 모멘텀은 주가의 추세를 가속시킨다고 하였다. 또 모멘텀은 수익률을 의미하기도 한다. 절대 모멘텀은 '절대로 마이너스가 되지 않는 모멘텀'이라 기억하면 쉽다. 투자하려는 자산의 수익률이 플러스인지 마이너스인지를 확인하는 것이다. 즉 1개의 자산이나 종목을 가지고 판단한다.

예를 들어 A회사의 주가가 한 달 전보다 10퍼센트 상승하면 주식의 수익률은 10퍼센트이다. 다른 말로 표현하면 '1개월 모멘텀이 10퍼센트다'라고 할 수도 있다. A회사 주가의 1개월 전 데이터로 한 달간의 모멘텀(수익률)을 평가했다면 절대 모멘텀 전략을 수행한 것이다. 과거의 가격과 현재의 가격을 비교하여 오르는 종목은 매수하고 하락하는 종목은 사지 않거나 파는 전략이다. 12개월 모멘텀을 평가했을 때 절대 모멘텀이 음수이면 매도하여 단기채권이나 현금에 투자(변동성이 적은 자산)하고, 양수이면 지속적으로 자산이나 주식에 투자한다. 여기서 12개월 모멘텀을 평가한다는 것은 12개월 전의 주가와 현재 주가를 비교한다는 말과 같다.

그림 9-2는 삼성전자의 종목 분석 현황이다. 기본정보와 함께 수익률이자 모멘텀(1M/3M/6M/1Y)이 표시된다. 말하자면 삼성전자의 1개월 모멘텀은 1.70퍼센트인 것이다. 관심 있는 주식이나 자산의 모멘텀이 '마이너스' 값이라면 경기 흐름이나 산업 현황에 변화가 생겼음을 의미한다. 이를 통해 주가의 하락 추세를 알 수 있다. 절대 모멘텀이 항상 맞는 방향만을 가리킨다면 이보다 쉬운 투자도 없겠지만 늘 정답만을 제시하지는 않는다. 자산시장은 늘 움직이고 방향에 선행하거나 동행하기는 불가능에 가깝기 때문이다.

그림 9-3은 미국 S&P500 ETF에 12개월 절대 모멘텀을 적용했을 때와 단순히 매수 후 보유Buy & Hold했을 때의 수익률을 나타냈다.

그래프에서는 IT버블과 금융위기의 수익률 차이를 알 수 있다. 12개월 절대 모멘텀을 적용한 모델은 이 구간에서 주식(S&P500)을 매도하고 현금을 보유했기 때문에 그래프가 잘린 것 같은 모양이다. 하락 구간을 회피한 것을 한눈에 확인할 수 있다.

삼성전자 모멘텀 확인(수익률)

미국 S&P500 ETF 절대 모멘텀 1995~2020년

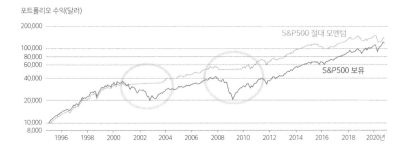

표 9-1은 미국 S&P500 ETF에 12개월 절대 모멘텀 전략을 적용했을 경우와 매수 후 보유 전략을 선택했을 경우의 수익률과 MDD를 비교했다. 1995년부터 2020년까지 연환산수익률은 10.98퍼센트와 10.43퍼센트로 절대 모멘텀을 적용한 전략이 사놓고 기다리는Buy & Hold 전략보다 조금 앞선다. 가장 중요하게 봐야 할 부분은 최악의 해 수익률과 MDD이다. 각각의 값을 비교해 보면 매수 후 보유했을 때보다 절대 모멘텀을 적용했을 때 수익률 하락이 절반 이하로 줄어들었다. 보유한 주식 또는 자산이 반토막이 나는 것을 실시간으로 지켜보며 평정심을 유지할 수 있는 투자자는 극히 드물다. 이 고통을 막아주는 것이 바로 절대 모멘텀 전략이다. 절대 모멘텀 전략은 방패에 비유되기도 한다. 자산시장이라는 전쟁터에서 수익률 하락을 방어할 무기인 것이다.

📊 **표 9-1** **S&P500 12개월 절대 모멘텀 vs. 매수 후 보유 선택**1995~2020년 단위: %

전략	연환산수익률(CAGR)	최고의 해	최악의 해	최대낙폭(MDD)
S&P500 절대 모멘텀	10.98	33.5	-6.7	-19.4
S&P500 매수 후 보유	10.43	38.1	-36.8	-50.8

● 수익률 상승 시 진격하는 상대 모멘텀

절대 모멘텀은 한마디로 '하나의 자산을 평가하여 과거 수익률(모멘텀)이 양수이면 투자한다'로 요약할 수 있다.

이와 달리 상대 모멘텀 전략은 여러 주식 또는 자산군을 비교했을 때 상대적으로 수익률이 높은 종목이나 자산에 투자한다. 절대 모멘텀이 수익률 하락 방어에 중점을 두었다면 상대 모멘텀은 수익률 향상에 기여하는 방식이라 할 수 있다. 2개 이상의 관심 자산군을 선정하고 그중에 수익률이 높은 자산을 가려낸다.

표 9-2는 S&P500과 나스닥에 균등 투자했을 때와 절대 모멘텀/상대 모멘텀을 적용했을 때의 실적을 보여준다. 앞에서 절대 모멘텀 전략을 적용하여 MDD가 절반으로 줄어드는 결과를 확인하였는데, 이번에도 동일한 정도로 낙폭이 줄어드는 것을 볼 수 있다. 두 종류의 ETF 중 상대적으로 수익률이 큰 상품에 투자하는 상대 모멘텀은 연환산수익률을 2.87퍼센트 높이는 역할을 했다. 앞서 절대 모멘텀이 MDD를 줄이는 방패였다면, 상대 모멘텀은 수익률을 높이는 창이다.

표 9-2 │ **S&P500, 나스닥 절대/상대 모멘텀의 성과** 2001~2020년　　단위: %

전략	연환산수익률(CAGR)	최고의 해	최악의 해	최대낙폭(MDD)
S&P500, 나스닥 절대/상대(듀얼) 모멘텀	11.53	48.4	-19.5	-27.2
S&P500, 나스닥 균등 투자	8.66	40.0	-39.2	-54.8

그림 9-4 **S&P500, 나스닥 절대/상대 모멘텀** 2001~2020년

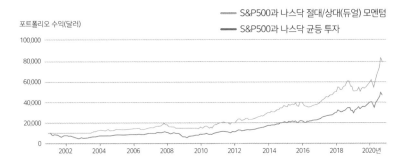

포트폴리오 수익(달러)

— S&P500과 나스닥 절대/상대(듀얼) 모멘텀
— S&P500과 나스닥 균등 투자

따라서 절대 모멘텀과 상대 모멘텀 전략을 동시에 사용한다면 자산 시장이라는 전쟁터에 창과 방패 모두를 가지고 참여하는 것과 같다.

● 듀얼 모멘텀의 시작, 게리 안토나치

절대 모멘텀과 상대 모멘텀, 이 두 가지 모멘텀을 동시에 적용한 전략이 듀얼 모멘텀이다. 듀얼 모멘텀 전략은 게리 안토나치Gary Antonacci가 고안해 냈다. 게리 안토나치는 베트남 전쟁에 위생병으로 참전했고, 코미디 마술사로 활약을 하는 등 다양한 이력을 가지고 있었다. 그는 시카고대학 박사 과정에 입학 허가를 받았지만 박사 진학 대신에 투자 전략 개발에 주력했다. 모멘텀 투자 분야의 최고 권위자로서 혁신적인 전략을 개발하고 투자에 연결하는 연구에 매진했다. 워런 버핏이나 벤저민 그레이엄처럼 유명하지는 않지만 퀀트투자에

관심이 많은 투자자들 사이에서는 저명한 인물이다. 국내에는《듀얼 모멘텀 투자전략》이라는 이름으로 저서가 출간되어 있다.

듀얼 모멘텀을 사용한 여러 전략 중 글로벌 주식 모멘텀GEM, Global Equities Momentum 전략은 1973년부터 2013년까지 40년간 연환산수익률 17.42퍼센트, MDD -17.8퍼센트라는 놀라운 수익률을 얻었다. 여기서는 게리 안토나치의 듀얼 모멘텀 전략을 업그레이드한 가속 듀얼 모멘텀ADM, Accelerating Dual Momentum을 적용하여 자산 관리 방법을 제시한다. 먼저 글로벌 주식 모멘텀부터 살펴보자.

그림 9-5는 듀얼 모멘텀 전략의 대표, 글로벌 주식 모멘텀의 투자 흐름도를 나타낸 것이다. 글로벌 주식 모멘텀(듀얼 모멘텀) 전략의 주요 자산은 3종류이다. 3가지 종목 중 기준에 맞는 1가지를 선택하여 투자한다. 자산은 미국 주식S&P500, 미국 제외 글로벌주식ACWI ex-U.S., 종합채권Aggregate Bonds이다. 미국 주식과 미국 제외 글로벌 주식 중 12개월 수익률이 높은 자산에 투자한다. 그러나 2가지 모두 단기채권 T-Bills보다 수익률이 낮게 평가된다면, 종합채권에 투자하는 것이다. 성과를 살펴보자.

그림 9-5 글로벌 주식 모멘텀 전략

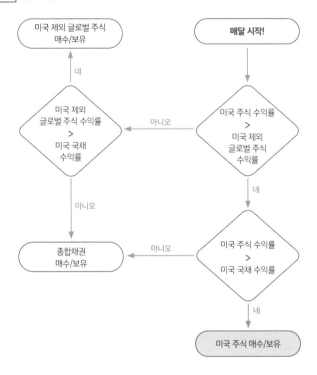

표 9-3은 1998년부터 2020년까지 글로벌 주식 모멘텀 포트폴리오와 미국 주식과 미국 제외 글로벌 주식에 5대 5로 균등 투자한 결과를 나타냈다. GEM 듀얼 모멘텀은 주식에 각각 5대 5로 투자한 정적 균등 분할보다 연환산수익률이 3.19퍼센트 높고, MDD는 3분의 1 가까이 줄어들었다.

그림 9-6에서도 이 사실을 확인할 수 있다. 2016년 하락과 2018년 이후의 등락이 전체 5대 5 균등 투자의 연환산수익률을 크게 낮추는

표 9-3 글로벌 주식 모멘텀(GEM)의 성과 1998~2020년 　　　　단위: %

전략	연환산수익률(CAGR)	최고의 해	최악의 해	최대낙폭(MDD)
글로벌 주식 모멘텀 (GEM 듀얼 모멘텀)	10.02	29.9	-18.3	-19.7
미국 주식, 미국 제외 글로벌 주식 균등 투자	6.83	34.4	-40.5	-54.8

그림 9-6 | **GEM 듀얼 모멘텀 vs. 미국 주식, 미국 제외 글로벌 주식** 1998~2020년

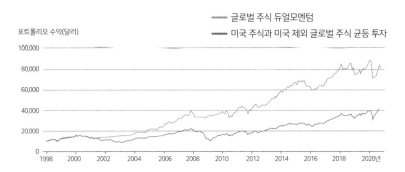

모멘텀 투자에서는 한번 변화된 추세는 그 성향을 지속하려는 특성이 있다고 가정한다. 그러나 경기가 좋지 않아서 자산 간의 수익 변화가 번갈아 발생한다면 추세 형성이 이루어지지 않아서 수익률이 줄어든다. 언제 어느 상황에서든 통하는 만능 전략이 있다면 좋겠지만 투자에서는 있을 수 없는 일이라는 점도 기억해야 한다. 그림 9-6의 2018년 이후 그래프 모양처럼 변동이 계속되며 전략이 통하지 않는 구간도 반드시 존재한다.

역할을 했다.

● 듀얼 모멘텀 전략을 업그레이드하라

　듀얼 모멘텀은 하락 방어를 위한 절대 모멘텀과 상승 공격을 위한 상대 모멘텀 2가지 모두를 적용하기 때문에 좋은 전략이다. 게리 안토나치가 듀얼 모멘텀 전략을 발표한 이후에 듀얼 모멘텀을 업그레이드한 전략이 많이 발표되었다. 나는 수많은 전략 중 크리스 루드로우Chris Ludlow, 스티브 핸리Steve Hanly가 창안한 가속 듀얼 모멘텀에 관심을 두었다.

　첫 번째 이유는 가속 듀얼 모멘텀의 기반이 듀얼 모멘텀의 글로벌 주식 모멘텀(GEM) 전략과 유사하다는 단순함에서다. 두 번째 이유는 단점을 업그레이드한 몇 가지 요소가 합리적으로 느껴졌기 때문이다.

　루드로우와 핸리, 두 사람이 생각한 글로벌 주식 모멘텀(GEM) 전략의 단점은 3가지로 ① 듀얼 모멘텀에 사용된 절대 모멘텀의 기준이 12개월 수익률(모멘텀)인 것, ② 미국 제외 글로벌 주식에 투자하는 것, ③ 종합채권에 투자하는 것이었다.

　12개월 수익률로 기준을 잡으면 가장 최근의 변동 상황에 빠르게 대응하지 못한다. 즉 급격히 변화하는 주식시장에서 대응력이 떨어질 수밖에 없다. 미국 제외 글로벌 주식에는 선진국이 차지하는 비중이 높아 미국과 연관성이 크다. 미국 주식이 오를 때는 미국 주식에 투자하고 미국 주식이 하락할 때는 미국 시장 외 상승하는 주식시장에 투자해야 보완하여 성과를 거둘 수 있는데, 세계열강의 주가와 미국의 주가는 비슷하게 움직이므로 잘될 땐 같이 잘되고, 잘 안 될 땐 같이 잘 안 된다. 종합채권은 회사채와 국채가 혼합되어 있다. 여기서 회사채는 주식과 상관관계가 높다. 주식시장이 안 좋을 때 채권에 투자하여 성과를 얻어야 효과적인데 상관관계가 높다 보니 시장이 나쁠 때 같이 나빠진다.

이러한 단점을 해결하기 위해서 개발된 것이 가속 듀얼 모멘텀 전략이다. 각 단점에 대한 개선 방법을 제시했다. 첫 번째, 모멘텀 기준을 조정하여 1, 3, 6개월 수익률 평균을 사용한다. 시장의 최신 경향을 빠르게 반영하여 가속 모멘텀으로 만들었다. 두 번째, 미국 제외 글로벌 주식 대신 미국 주식과 상관성이 낮은 글로벌 소형주로 교체하여 미국 시장의 영향을 축소시켰다. 세 번째, 회사채를 제외한 장기 국채로 주가와의 상관성을 낮추었다.

이렇게 글로벌 주식 모멘텀(GEM) 전략의 단점을 개선해서 가속 듀얼 모멘텀(ADM) 전략이 탄생했다. 글로벌 주식 모멘텀과 가속 듀얼 모멘텀의 대상 종목을 비교하면 표 9-4와 같다.

그림 9-7은 가속 듀얼 모멘텀의 흐름도를 나타낸 것이다. 글로벌 주식 모멘텀과 유사해 보이지만 다르다. 흐름도가 복잡하고 1, 3, 6개

표 9-4 글로벌 주식 모멘텀 vs. 가속 듀얼 모멘텀 대상 자산

	글로벌 주식 모멘텀(GEM)	가속 듀얼 모멘텀(ADM)
미국 주식	S&P500	S&P500
미국 외 주식	미국 제외 글로벌 주식	글로벌 소형주
채권	종합채권	장기 국채

그림 9-7 **가속 듀얼 모멘텀 전략 흐름도**

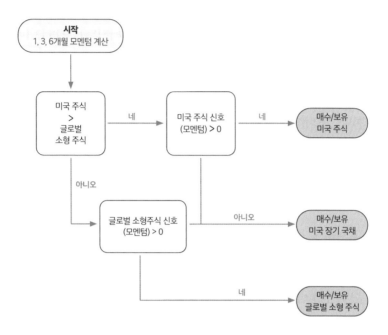

월 모멘텀도 계산해야 하고 그때마다 종목 선정은 어떻게 하는지 자칫 복잡하게 느껴질 수 있다. 그렇지만 걱정할 필요가 없다. 1분 안에 이번 달에 투자할 종목을 선정할 수 있다. 과거 실적과 합리성 그리고 단순함이 이 책에서 소개하는 전략의 공통점이기 때문이다.

● **1, 3, 6개월 평균 모멘텀이란**

가속 듀얼 모멘텀(ADM) 전략은 12개월 모멘텀(수익률)대신 1, 3, 6개월 평균 모멘텀을 적용한다. 여기서 12개월 모멘텀은 12개월 전의 ETF 가격(또는 주가)과 현재의 ETF 가격(또는 주가) 대비 수익률이다.

예를 들어 12개월 전 ETF 가격이 1만 원이었고 현재 1만 1,000원이면 12개월 모멘텀은 (11,000-10,000)/10,000=10%다. 최근 1개월, 3개월, 6개월의 모멘텀도 같은 방식으로 계산한다. 국내 상장 ETF(또는 주식)의 1, 3, 6개월 모멘텀은 그림 9-2처럼 네이버금융에서 확인할 수 있다. 해외 주식은 야후파이낸스에서 확인한다. 각각 계산된 모멘텀의 평균을 구한 값이 양수인지 음수인지를 판단하여 전략을 수행한다.

1, 3, 6개월 평균 모멘텀 계산

	모멘텀
1개월	3%
3개월	5%
6개월	-2%
1, 3, 6개월 평균 모멘텀	$\dfrac{3\%+5\%+(-2\%)}{3} = 2\%$

● 최악의 상황에서도 수익을 내자

가속 듀얼 모멘텀에 대해 자세히 알아보려면 엔지니어드 포트폴리오* 사이트에 접속한다. 앞서 설명했던 전략을 위한 고려 사항들이 자세하게 설명되어 있다. 가속 듀얼 모멘텀 전략의 성과도 직접 확인

● engineeredportfolio.com

할 수 있도록 '포트폴리오 비주얼라이저portfolio visualizer'로 연결해 놓았다. 포트폴리오 비주얼라이저는 미국 주식, 채권, 펀드로 포트폴리오를 구성할 때 백테스트를 해볼 수 있는 사이트이다. 이 책에서 실시한 백테스트는 대부분 포트폴리오 비주얼라이저를 이용했다.

동일 지수를 추종하더라도 국내 상장 ETF와 미국 상장 ETF에 들여야 하는 시간과 노력이 달라진다. 국내 상장 ETF를 활용하여 각각의 종목 실적 데이터를 구하고, 수익률과 자산비율로 계산하고, 모멘텀을 구하는 과정에 일일이 손을 댄다면 계산하면서 이미 질리고 지치기 때문에 지속적인 자산 관리를 할 엄두조차 나지 않을 것이다.

그러므로 바로 ETF 자료를 불러와서 백테스트할 수 있는 포트폴리오 비주얼라이저를 적극적으로 활용하기를 추천한다. 시간을 절약하고 혹시 저지를 수 있는 실수를 미연에 방지하기에 이만한 것이 없다.

엔지니어드 포트폴리오에서 제공하는 가속 듀얼 모멘텀 성과는 그

여기서 잠깐

● **엔지니어드 포트폴리오**Engineered portfolio

가속 듀얼 모멘텀을 고안한 크리스 루드로우와 스티브 핸리가 운용하는 블로그 형식의 홈페이지이다. 가속 듀얼 모멘텀 개념을 도식화해서 설명했고 백테스트 결과도 볼 수 있다.

ADM 전략의 구상 초기에는 1998년부터 2018년까지 20년간의 데이터를 백테스트에 이용했다. 이후 1871년까지의 데이터를 확보하여 검증하면서 ADM 전략이 100년 이상의 효용 가치가 있음을 증명했다. 무료 메일링 서비스에 가입하면 매달 초 가속 듀얼 모멘텀 전략에서 사야할 종목(ETF)을 메일로 확인할 수 있다.

가속 듀얼 모멘텀 외에 눈여겨봐야 할 것은 자산군들(주식, 채권, 원자재, 금)의 과거 수익률 데이터들이다. 수익률뿐만 아니라 자산군 사이의 상관관계도 볼 수 있으므로 자산 배분 전략에 활용하면 좋다. 자산군뿐만 아니라 세계 여러 나라의 주식 수익률을 비교한 자료도 실려 있다. 글로벌 투자 시 아주 유용하다.

림 9-8과 같이 확인할 수 있다. 가속 모멘텀만 적용한 결괏값, 가속 모멘텀에 종합채권을 장기채권으로 수정하여 적용한 결괏값, 가속 모멘텀, 장기채권이 적용된 수익률에 글로벌 대형주를 글로벌 소형주로 변경하여 적용한 결괏값, 이렇게 수정하며 단계를 더해갈 때마다 얼마만큼 수익이 오르는지 한눈에 볼 수 있도록 포트폴리오 비주얼라이저를 링크해 놓았다. 이 중에서 최종 포트폴리오 모델인 가속 듀얼 모멘텀에 접속해서 책갈피하면 매달 수익률 체크와 종목을 선정할 때 편리하다. 가속 듀얼 모멘텀의 성과를 표 9-5, 그림 9-9에서 확인해 보자.

그림 9-8 | 가속 듀얼 모멘텀 성과

Accelerating Dual Momentum

Before we take a look at the strategy's evolution, let's first review some metrics of the asset classes we'll consider during the time period of 1998 to February 2018. The final balance shown is for an initial investment of $10,000.

Ticker	Description	Final Balance	CAGR	Stdev	Best Year	Worst Year	Max. Drawdown	Sharpe Ratio	Sortino Ratio	US Mkt Correlation
VFINX	Vanguard S&P 500	40,087	7.13	14.89	32.18	-37.02	-50.97	0.41	0.58	0.99
VGTSX	Vanguard Total Intl Stock Market	29,698	5.55	17.34	40.34	-44.10	-58.50	0.29	0.41	0.87
VBMFX	Vanguard Total Bond Market	24,865	4.62	3.41	11.39	-2.26	-3.99	0.79	1.29	-0.10
.	.	.	.	.	.	.	.	.	.	.
VINEX	Vanguard International Explorer	91,767	11.62	18.95	90.29	-46.62	-59.56	0.58	0.86	0.76
VUSTX	Vanguard Long-Term US Treasury	34,048	6.26	10.31	29.28	-13.03	-16.68	0.46	0.75	-0.29

Performance metrics of asset classes we'll consider. Small Cap international (VINEX) has done quite well overall but required a fair amount of risk.

Now let's take the "original" dual momentum strategy and make some tweaks. The links are to the individual backtests in Portfolio Visualizer, final balances shown are for a $10,000 investment at the beginning of 1998 growing until February 2018.

- $80,296 – Original Strategy
- $159,464 – Simple Accelerating Dual Momentum
    ○ Same assets as original but use 1-month, 3-month, and 6-month returns   링크 클릭
- $206,161 – Replace Total Bond with Long-Term Treasuries
- $331,003 – Replace Global Large Cap with Global Small Cap
- $426,408 – Accelerating Dual Momentum
    ○ Make both replacements above, global small cap and long-term treasuries

1998년부터 2020년까지 22년간 미국 주식(S&P500)은 484퍼센트의 수익을 거두었고 글로벌 주식 모멘텀(GEM)은 앞서 살펴본 바와 같이 연환산수익률 10.02퍼센트, 기간 수익률 799퍼센트의 높은 수익률을 올렸다. 가속 듀얼 모멘텀(ADM)은 기간 수익률 6,795퍼센트라는 놀라운 결과를 보여주었고 연환산수익률도 20.21퍼센트로 워런 버핏과 견줄만하다. 최악의 해에도 마이너스가 되지 않았던 경이로운 결과이다. 백테스트 상에서는 지난 22년간 단 한 해도 마이너스 수익이 되지 않

🖩 **표 9-5** **가속 듀얼 모멘텀 성과** 1998~2020년

	기간 수익률	연환산 수익률 (CAGR)	최고의 해	최악의 해	최대낙폭 (MDD)	샤프지수
미국 주식(S&P500)	484%	7.97%	32.18%	-37.02%	-50.97%	0.45
글로벌 주식 모멘텀 (GEM)	799%	10.02%	29.87%	-18.27%	-19.70%	0.68
가속 듀얼 모멘텀 (ADM)	6,795%	20.21%	77.49%	0.15%	-20.63%	1.21

그림 9-9 **가속 듀얼 모멘텀 vs. 미국 주식, 미국 제외 글로벌 주식** 1998~2020년

았음을 확인했다. 위험대비 수익을 나타내는 샤프지수도 1이 넘는다.

이 전략을 미성년 자녀 비과세 증여 금액 2000만 원으로 30년간 운용했을 때 어떻게 변하는지 살펴보자. 지난 22년간의 연환산수익률을 그대로 적용한다면 원금 2000만 원은 30년 후 50억 원이 된다. 정말 놀라운 숫자이다. 하지만 미래에도 지난 22년과 같은 성과가 지속되어야 달성할 수 있다. 가속 듀얼 모멘텀은 올웨더 전략처럼 1년에 한 번 전체 중 일부 비율이 달라진 부분에 대해서만 리밸런싱하는 것이 아니라, 종목이 변경될 때마다 전체 자산을 사고팔아야 하는 점이 부담으로 작용한다. 또 거래 비용과 슬리피지 문제가 동시에 발생하기 때문에 전체 수익률을 갉아 먹는다. 나열해 놓은 것처럼 환상적인 수익을 기대하기는 어렵지만 일반적인 정적 자산 배분 전략보다 훨씬 더 큰 수익을 안겨 주는 것만은 분명하다.

표 9-6 가속 듀얼 모멘텀 전략 비과세 증여한도액 투자 시 예상 실적

전략	연환산수익률(CAGR)	원금	30년 후 금액
가속 듀얼 모멘텀 전략	20.21%	2000만 원	50억 원

한국형 가속 듀얼 모멘텀 전략

가속 듀얼 모멘텀 전략은 미국 펀드로 구성되어 있다. 한국에서 해외 계좌를 개설하더라도 펀드 가입이 불가능하기 때문에 펀드와 동

일하거나 유사한 지수를 추종하는 ETF로 치환이 필요하다. ETF로 변경한 것을 다시 한국에 상장되어 있는 해외 ETF로 변경하면 직접적으로 활용할 수 있다.

글로벌 주식 모멘텀(GEM)전략에 활용할 수 있는 미국 ETF를 표 9-7에서 먼저 확인하자.

해외 계좌를 이용하여 가속 듀얼 모멘텀 전략을 실행하려면 표 9-8의 ETF를 활용한다.

표 9-7 글로벌 주식 모멘텀 전략 ETF

전략	종류	ETF 티커	상품명
GEM	미국 주식	IVV	iShares Core S&P500 ETF
		VOO	Vanguard S&P500 ETF
	미국 외 주식	VEU	Vanguard FTSE All-World ex-US Index Fund ETF
		VXUS	Vanguard Total International Stock ETF
	채권	AGG	iShares Core U.S. Aggregate Bond ETF
		BND	Vanguard Total Bond Market ETF
		SCHZ	Schwab U.S. Aggregate Bond ETF

표 9-8 가속 듀얼 모멘텀 전략 펀드 vs. ETF

	ADM (펀드 티커)	ADM(ETF)	
		ETF 티커	ETF 상품명
미국 주식	VFINX	IVV, VOO, SPY	Vanguard S&P500 ETF(VOO)
미국 외 주식	VINEX	SCZ, VSS	iShares MSCI EAFE Small-Cap ETF(SCZ)
채권	VUSTX	TLT, VGLT	iShares 20+ Year Treasury Bond ETF(TLT)

국내 계좌를 이용할 수 있는 한국 상장 해외 ETF 투자 상품에는 어떤 것이 있는지 표 9-9에서 확인할 수 있다. 가속 듀얼 모멘텀 전략 투자에 적용된 미국 펀드와 그에 상응하는 한국 주식시장에 상장된 ETF의 2013년부터 2019년까지 상관계수도 표시하였다. 미국 주식과 장기 국채는 동일한 지수를 추종하기 때문에 미국 펀드와 한국 상장 해외 ETF의 상관계수가 1에 근접한다. 반면에 글로벌 소형주는 미국 펀드에 상응하는 ETF가 없어서 가장 유사한 ETF 2종목을 선정하였다. 현재도 미국 ETF 상품이 지속적으로 한국에 상장되고 있어서 향후에 미국 ETF 'SCZ'에 해당하는 ETF가 한국 시장에도 상장된다면 변경해서 투자하는 것을 추천한다.

▥ 표 9-9 ┃ 한국형 가속 듀얼 모멘텀 전략 ETF

	ADM(펀드)	한국형 ADM(ETF)	상관계수
미국 주식	Vanguard 500 Index Investor (VFINX)	KODEX 미국S&P500선물(H)	0.99
글로벌 소형주	Vanguard International Explorer(VINEX)	KODEX 선진국MSCI World ARIRANG 글로벌MSCI(합성 H)	0.88 0.89
장기 국채	Vanguard Long-Term US Treasury(VUSTX)	KODEX 미국채울트라30년선물(H)	0.99

가속 듀얼 모멘텀 전략은 미국 주식과 글로벌 소형주 1, 3, 6개월 수익률의 평균을 매월 비교하여 둘 중 더 높은 수익률에 투자하는 것이다. 만약 미국 주식과 글로벌 소형주의 1, 3, 6개월 수익률 평균이 마이너스라면 미국 장기 국채에 투자한다.

리밸런싱 기간이 월 단위이기 때문에 매달 여기저기 옮겨야 되는 것 아닌가 하는 생각이 들 수도 있다. 지난 20년간 자료를 살펴봤을 때 연간 리밸런싱 횟수는 3~4회에 그쳤다. 모멘텀이 한번 방향을 잡으면 그 방향이 지속된다는 의미이기도 하다. 이제 남은 건 매달 어떤 종목에 투자해야 하는지 확인하는 것뿐이다.

● 한국형 가속 듀얼 모멘텀 전략 따라 하기

가속 듀얼 모멘텀 전략은 미국 펀드로 구성되어 있어서 미국 ETF와 국내 시장에 상장된 ETF로 변경하였다. 3개 종목(미국 주식, 글로벌 소형주, 미국 장기채권)의 가속 모멘텀을 계산하여 모멘텀이 높은 종목에 투자하는 것이다.

각각의 수익률을 직접 계산할 수도 있지만 자동 계산해 주는 프로그램으로도 충분하다. 3개 사이트를 소개하려고 한다. 손쉬운 종목 선정법부터 알아보자. 먼저 가속 듀얼 모멘텀이 소개된 블로그 엔지니어드 포트폴리오의 실적 부분 링크를 통해서 포트폴리오 비주얼라이저에 듀얼 모멘텀으로 접속한다.

날짜를 조회하는 시점으로 바꾸고 'Run Test'를 누르면 해당 시점까지의 실적을 확인할 수 있다. 'Market Timing Results'의 여러 가지 결과 탭 중에서 'Timing Periods' 탭으로 이동하면 1998년부터 매달 3가지 자산(미국 주식, 글로벌 소형주, 미국 장기채권) 중에서 어느 자산에 투자되었는지 알 수 있다. 가장 최근 시점은 제일 아랫부분에서 확인할 수 있고 이번 달에 투자해야 할 종목을 알려준다. 2021년 2월에는 VINEX 글로벌 소형주에 투자하는 것으로 나왔다. 자산의 수익률 현황도 제공한다.

그림 9-10　**가속 듀얼 모멘텀 포트폴리오 비주얼라이저**

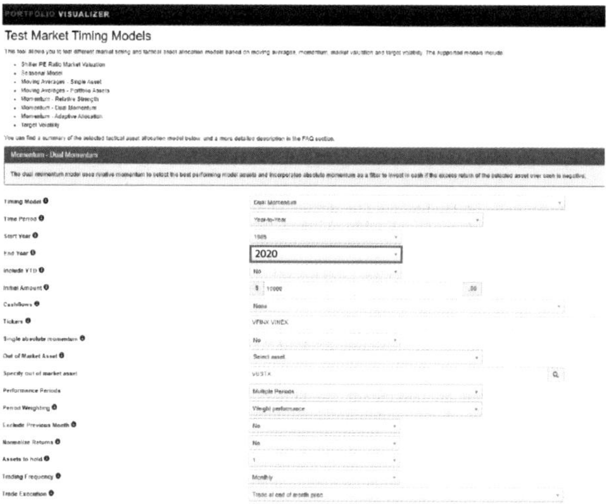

그림 9-11　**월별 투자자산 포트폴리오 비주얼라이저**

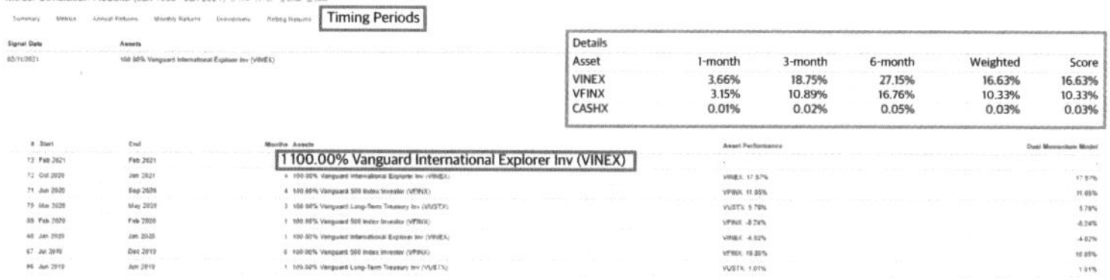

표 9-10에서는 가속 듀얼 모멘텀에서 제시된 펀드에 해당하는 미국 ETF와 국내 ETF를 매칭하였다. 해외 계좌에서는 미국 ETF를, 국내 계좌에서는 우리나라 시장의 ETF를 거래한다. 앞서 포트폴리오 비주얼라이저에서 이번 달에 투자할 종목을 쉽게 확인할 수 있었다. 만약 결과가 'VINEX'였다면 해외 계좌에서는 'SCZ 또는 VSS' 종목에 투자하고, 국내 계좌에서는 'KODEX 선진국MSCI World 또는 ARIRANG 글로벌MSCI(합성H)에 투자한다.

표 9-10 **가속 듀얼 모멘텀 사용 펀드 및 ETF**

	미국 펀드(원본)	미국 ETF	국내 ETF
미국 주식	VFINX	IVV, VOO, SPY	KODEX 미국S&P500선물(H)
미국 외 주식 (글로벌소형주)	VINEX	SCZ, VSS	KODEDX 선진국MSCI World ARIRANG 글로벌MSCI(합성H)
채권	VUSTX	TLT, VGLT	KODEX 미국채울트라30년선물(H)

다음 달 1일에 이번 달 말일까지의 결과가 반영되면, 다음 달에 매수해야 할 종목이 표시된다. 만약 이번 달의 결과와 같다면 매수/매도를 하지 않는다. 여기서 주의해야 할 것은 포트폴리오 비주얼 라이저는 유료 회원 가입을 해야 매달 초 결과 종목을 확인할 수 있다는 것이다(해당 서비스만 유료). 그래서 엔지니어드 포트폴리오 외에 무료로 종목을 확인할 수 있는 사이트를 추가로 소개하려고 한다. '튜링트레이더*' 사이

● 튜링트레이더turingtrader.com: 자산 배분 전략 서비스 사이트, 자신들의 전략뿐만 아니라 기존의 자산 배분 전략 실적들도 업데이트해 준다.

그림 9-12 튜링트레이드 접속 화면, 포트폴리오 선택

TuringTrader | PORTFOLIOS | INDICATORS | DASHBOARD | LIBRARY | YOUR ACCOUNT

TuringTrader's Portfolios

그림 9-13 튜링트레이더 EP's Accelerating Dual Momentum

Name	CAGR	Stdev	MDD	Ulcer Index	Sharpe Ratio	Martin Ratio
Antonacci's Dual Momentum	6.70	7.92	18.42	3.40	0.72	1.97
TuringTrader's Back to Basics	11.52	8.59	14.66	3.12	1.21	3.69
Bensdorp's Weekly Rotation	11.02	15.33	23.46	10.80	0.68	1.02
Browne's Permanent Portfolio	6.95	7.30	14.82	3.24	0.84	2.15
Classic 60/40	9.40	10.59	30.06	5.83	0.81	1.61
Clenow's Stocks on the Move	11.60	16.29	27.11	9.43	0.67	1.23
Connors' TPS	5.62	5.53	13.91	1.98	0.87	2.84
Connors' VIX RSI	4.81	8.78	32.75	6.46	0.46	0.74
EP's Accelerating Dual Momentum	13.03	15.09	24.21	7.77	0.80	1.68
Faber's Ivy Portfolio	6.54	10.26	19.18	6.72	0.57	0.97
Keller's Defensive Asset Allocation	10.79	9.36	12.76	3.81	1.03	2.83
Keller's Lethargic Asset Allocation	10.02	9.49	17.37	3.35	0.96	3.00
Livingston's Mama Bear	10.27	13.14	23.41	6.24	0.71	1.65
Livingston's Papa Bear	10.43	14.25	24.81	8.97	0.67	1.16
Li's Universal Investment Strategy	12.67	10.98	18.99	4.14	1.06	3.06
Robbins' All-Seasons Portfolio	7.38	7.85	16.13	3.68	0.84	2.00
TuringTrader's All-Stars Leveraged	16.39	10.14	11.72	3.00	1.52	5.46
TuringTrader's All-Stars Monthly	14.17	8.33	9.55	2.41	1.56	5.88
TuringTrader's All-Stars Tax-Efficient	15.51	13.26	15.99	4.23	1.13	3.67

그림 9-14 투자 종목 확인

Asset Allocation

The portfolio last required rebalancing after the exchange's close on *March 31, 2021*. Due to fluctuations in asset prices and portfolio values, the exact allocations vary daily. The current asset allocation is as follows:

SHOW SHARES

Symbol	Name	Percentage
VSS	Vanguard FTSE All-World ex-US Small-Cap Index ETF	100.00%
SPY	SPDR S&P 500 Trust ETF	---
VGLT	Vanguard Long-Term Treasury Index ETF	---

Download as CSV

Need help with this? Please reach out.

Last updated on Sat, Apr 3, 2021, 9:00 AM GMT+9

트이다. 그림 9-12와 같이 사이트에 접속해서 'Portfolios' 탭으로 이동하면 그림 9-13과 같이 튜링트레이더에서 제공하는 자체 포트폴리오 전략뿐만 아니라 다양한 전략의 실적을 확인할 수 있다. 여기에서 'EP's Accelerating Dual Momentum'을 선택하면 실적과 함께 다음 달 투자해야 할 종목을 확인할 수 있다. EP는 엔지니어드 포트폴리오 Engieeredportfolio를 의미하는 것이다. 그림 9-14와 같이 투자해야 할 종목을 보여준다. 이 책에서 소개한 6040전략, 올웨더(시즌즈) 전략 등 다양한 전략을 소개하고 있으니 포트폴리오 비주얼라이저와 함께 활용한다면 많은 도움이 될 것이다.

마지막으로 소개할 방법은 엔지니어드 포트폴리오 블로그에서 제공하는 '메일링리스트'에 가입하는 것이다. 홈페이지의 메일링 서비스에 등록하면 무료로 매달 초 메일을 통해 매매할 종목을 보내준다. 추천 종목이 지난달과 같으면 매매를 보류하고, 종목이 바뀌었다면 기존에 보유한 종목은 매도한 뒤 신규 종목을 매수한다. 전략을 만들고 직접 운영하는 사이트에서 정보를 보내주기 때문에 쉬우면서도 매우 신뢰할 수 있다.

🖐 **여기서 잠깐**

● **포트폴리오 비주얼라이저(해당 기능만 유료)**

1) engieeredportfolio.com에서 실적 확인 URL로 포트폴리오 비주얼라이저 접속

2) 포트폴리오 비주얼라이저 가입

3) 'End Year'를 올해로 바꾸고 'Run Test' 실시(북마크해 놓기)

4) 매달 1일 'Timing Periods' 가서 해당 월의 투자 종목 확인

5) 지난달과 비교하여 종목이 바뀌었으면 매도 후 새로 매수, 동일하면 유지

● **튜링트레이더(14일 무료)**

1) turingtrader.com 접속

2) 무료 가입(14일 무료) 후 'PORTFOLIOS'에서 'EP's Accelerating Dual Momentum' 선택

3) 'Asset Allocation'에서 매월 1일 종목 확인

4) 지난달과 비교하여 종목이 바뀌었으면 매도 후 새로 매수, 동일하면 유지

● **엔지니어드 포트폴리오(무료)**

1) engineeredportfolio.com 접속

2) BLOG > Accelerating Dual Momentum Investing 순서로 항목 이동

3) 내용 중간 쯤에 위치한 'Subscribe to Monthly Updates' 초록색 상자 클릭하여 이메일 등록

4) 매달 초에 메일을 확인하며 종목이 바뀌었다면 메일의 내용으로 매수, 기존 종목은 매도, 동일하면 유지

나만의 전략 만들기

아이의 미래에 금전적 도움을 주기 위해서 아이 명의로 계좌를 만들고, 비과세 영역 내에서 증여한 뒤 계좌를 운영할 수 있는 전략 3가지에 대해서 이야기를 나눴다. 바쁜 일상에서 누구나 손쉽게 접근할 수 있는 투자를 목적으로 수많은 전략 중에서 선별하였지만, 세상 모든 것이 그러하듯 이것만이 정답은 아닐 것이다. 시간이 허락하는 범위에서 엄마와 아빠가 조금 더 공부해서 더 나은 방법을 실행해 볼 수도 있다.

새로운 투자를 고민할 때 도움이 될 만한 투자 거장들의 전략을 소개한다. 한 가지 전략만 가져가기보다는 몇 가지에서 장점을 찾아내 조합하는 것도 좋은 방법이다. 이때 어떤 점을 주의 깊게 살펴야하는지도 같이 알아보자.

● 거장의 전략에는 이유가 있다

앞서 미국 상장 주식이나 ETF 그리고 펀드를 활용하여 포트폴리오를 구성할 경우 포트폴리오 비주얼라이저 홈페이지에서 백테스트하는 방법을 봤다. 포트폴리오 비주얼라이저 홈페이지에서는 여러 거장들의 투자 전략도 제공하여서 이를 수익률 향상에 활용할 수도 있다. 그중 몇 가지를 같이 살펴보자.

그림 10-1 포트폴리오 비주얼라이저 메인 화면

메인화면에서 Backtest Portfolio > Backtest Portfolio 순서로 이동하면 그림 10-2와 같은 화면을 볼 수 있다.

그림 10-2 **Backtest Portfolio 화면**

Portfolio #1 옆의 설정(기어모양)을 클릭해서 거장들의 수많은 전략이 기본적으로 제공되는 것을 확인할 수 있다. 표 10-1은 포트폴리오 비주얼라이저에서 기본으로 제공하는 전략들이다. 종목이나 비율을 별도로 입력하지 않아도 선택만 하면 자동으로 표시되고 실적도 함께 볼 수 있다.

가장 눈에 띄는 전략은 인덱스 펀드의 창시자 존 보글과 관련된 것으로 뱅가드Vanguard Group, Inc.,의 '보글 헤드 4 펀드Bogleheads Four Funds'이다. 존 보글은 1974년 세계 최대 인덱스 펀드 운용사인 뱅가드그룹을 설립하고 1975년에 최초의 인덱스 펀드 '뱅가드 500'을 출시했다. 이는

표 10-1 포트폴리오 비주얼라이저가 제공하는 기본 전략

Growth Portfolio	성장 포트폴리오
Moderate Portfolio	중립 포트폴리오
Conservative Portfolio	보수적 포트폴리오
Income Portfolio	배당 포트폴리오
Bill Bernstein No Brainer	번스타인 쉬운 포트폴리오
Bill Schultheis Coffee House	커피 하우스 포트폴리오
Bogleheads Three Funds	3개 펀드 포트폴리오
Bogleheads Four Funds	4개 펀드 포트폴리오
David Swensen Lazy Portfolio	데이비드 스웬슨 게으른 포트폴리오
David Swensen Yale Endowment	데이비드 스웬슨 예일대 기금 포트폴리오
FundAdvice Ultimate Buy & Hold Portfolio	펀드어드바이스 매수/보유 포트폴리오
Harry Browne Permanent Portfolio	해리 브라운 영구 포트폴리오
Larry Swedroe Simple Portfolio	래리 스웨드로 심플 포트폴리오
Larry Swedroe Minimize FatTails Portfolio	래리 스웨드로 팻테일 최소화 포트폴리오
Mebane Faber Ivy Portfolio	메반 파베르 아이비 포트폴리오
Ray Dalio All Weather	레이 달리오 올웨더 포트폴리오
Rick Ferri Core Four	릭 페리 4개 핵심 포트폴리오
Scott Burns Couch Portfolio	스콧 번스 소파 포트폴리오
Stocks/Bonds (60/40)	주식 채권 6:4 포트폴리오
Stocks/Bonds (40/60)	주식 채권 4:6 포트폴리오

ETF의 효시라고 봐도 무방하다. 보글 헤드 4 펀드 포트폴리오를 구성하는 자산은 표 10-2에서 확인할 수 있다.

표 10-2 뱅가드그룹: 보글 헤드 4 펀드 포트폴리오

종류	펀드/ETF 티커	비율
총 미국 주식시장 지수 펀드	VTSMX	50%
총 국제 주가 지수 펀드	VGTSX	30%
총 국제 채권 지수 펀드	VBMFX	10%
인플레이션 보호 증권 펀드	VIPSX	10%

다음은 1985년부터 예일대 기금 운용 최고 책임자CIO를 지내고 있는 데이비드 스웬슨David Swensen의 '예일대학교 기부금Yale Endowment 포트폴리오'이다. 스웬슨은 2019년 9월 기준 294억 달러에 달하는 예일대학교의 기금과 투자 자산을 운용하고 있다. 〈뉴욕 타임스〉 인터뷰에서 저비용 인덱스 펀드로 다각화된 포트폴리오에 투자해야 하며, 수수료를 줄이고 투자자에게 더 많은 돈을 남길 수 있도록 해야 한다고

표 10-3 데이비드 스웬슨: 예일대학교 기부금 포트폴리오

종류	펀드/ETF 티커	비율
미국 주식	VTSMX	30%
인플레이션 보호 증권 펀드	VIPSX	15%
미국 리츠(부동산)	VGSIX	20%
신흥국 주식	VTMGX	15%
선진국 주식	VEIEX	5%
미국 장기채권	TLT	15%

밝히기도 했다.

다음은 해리 브라운Harry Browne의 '영구 포트폴리오Permanent Portfolio'
이다. 해리 브라운은 작가, 정치인, 투자 고문 등 여러 직업을 거쳤고
1996년과 2000년에는 미국 대통령 후보로 지명되는 등 독특한 이력
을 가졌다. 투자 고문으로 일하면서 투자 기간 중 경제 조건에 따라
상승하는 자산군을 찾아가는 영구 포트폴리오를 개발하였다. 여기서
경제 조건은 경기의 상승과 하락, 인플레이션과 디플레이션 국면을
포함한다. 미래에 어떤 일이 일어나더라도 재정적으로 안전함을 추
구한다는 것이다. 미국 주식, 미국 장기 국채, 금, 현금에 각각 25퍼센
트씩 투자하는 것이 영구 포트폴리오의 핵심이다.

표 10-4 | 해리 브라운: 영구 포트폴리오

종류	펀드/ETF 티커	비율
미국 주식	VTI	25%
미국 장기 국채	TLT	25%
금	GLD	25%
현금	CASHX	25%

2007년부터 2020년까지 앞서 살펴본 전략의 실적을 정리하면 표
10-5와 같다.

표 10-5	전략에 따른 투자 성과 2007~2020년			단위: %
전략	연환산수익률 (CAGR)	최고의 해	최악의 해	최대낙폭(MDD)
6040 포트폴리오	7.94	21.8	-20.2	-30.7
올웨더 포트폴리오	8.04	18.3	-3.3	-12.0
보글 헤드 4 펀드	7.08	27.0	-31.5	-44.3
예일대학교 기부금	7.31	22.6	-22.7	-39.7
영구 포트폴리오	7.26	16.2	-3.1	-12.6

소개한 전략 외에도 다른 전략들을 공부하며 성향에 맞는 것이라 판단되면 실전에 접목해 보는 등 적극적으로 행동하는 것이 필요하다. 이때 백테스트에 유용하게 활용할 수 있는 포트폴리오 비주얼라이저의 사용법은 부록에 실어 두었다.

● 미국 펀드와 호환되는 ETF 찾기

유명한 포트폴리오를 따라 할 때 ETF로 구성된 자산은 미국 ETF를 매수하면 된다. 그러나 미국 펀드로 구성된 포트폴리오일 경우, 국내에서 미국 펀드 구매가 불가능하기 때문에 해당 펀드의 특성과 유사한 특성을 가진 ETF를 찾아서 대체할 필요가 있다. 그럴 때 유용하게 사용할 수 있는 사이트를 소개한다. etfdb.com/tool/mutual-fund-to-etf에 접속하여 관련 ETF를 찾아보자.

예를 들어 신흥국 주식으로 쓰였던 VTMGX 펀드에 해당하는 ETF

그림 10-3 | 미국 펀드 ➡ ETF 바꾸기

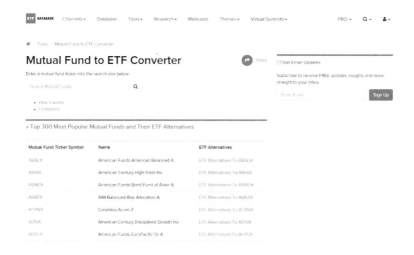

를 찾아보려고 한다.

홈페이지에 접속하여 검색창에 'VTMGX' 입력하면 VTMGX 펀드의 운용사, 수수료율, 추종 지수 등 기본정보를 그림 10-4처럼 확인할 수 있다. VTMGX는 'MSCI EAFE' 인덱스를 추종한다. 'Foreign Large Cap Equities ETFs'에서 관련된 ETF 결괏값을 보여준다. 이 많은 목록 중 적절한 것을 어떻게 선별해야 좋을까? 답은 ETF 상품명에 주목하는 것이다. VTMGX가 추종하는 인덱스(Benchmark Index Name) 'MSCI EAFE'가 'ETF Name'에 직접적으로 나타난 상품을 찾는다. 'iShares MSCI EAFE(EFA)'가 조건과 일치한다. EFA 정보는 그림 10-5에서 확인할 수 있다. 'Index Tracked' 항목이 'MSCI EAFE Index'인지를 살핀다.

그림 10-4 **VTMGX 및 해당 ETF**

VTMGX - Vanguard Tax-Managed Intl Share

- **Fund Family Name:** Vanguard
- **Expense Ratio:** 0.20%
- **ETFdb.com Category:** Foreign Large Cap Equities
- **Benchmark Index Name:** MSCI EAFE Index
- **Benchmark Index Description:** The index measures the performance of equity markets in European, Australasian, and Far Eastern markets.

Learn more about VTMGX at MutualFunds.com

ETFs Linked To MSCI EAFE Index

The following table presents exchange traded funds linked to MSCI EAFE Index

Symbol	ETF Name	Assets	YTD	Expense Ratio
IJUL	Innovator MSCI EAFE Power Buffer ETF - July of Benef Interest	$29,332.00	2.39%	0.86%

Foreign Large Cap Equities ETFs

The following table presents exchange traded funds linked to indexes in the same ETFdb.com Category as MSCI EAFE Index.

Symbol	ETF Name	Assets	YTD	Expense Ratio
AFK	VanEck Vectors Africa Index ETF	$61,821.80	6.43%	0.79%
CWI	SPDR MSCI ACWI ex-US ETF	$1,796,740.00	9.34%	0.30%
DOL	WisdomTree International LargeCap Dividend Fund	$375,938.00	9.14%	0.48%
VEA	Vanguard FTSE Developed Markets ETF	$103,212,000.00	9.72%	0.05%
EFA	iShares MSCI EAFE ETF	$58,132,300.00	9.09%	0.32%
ACWX	iShares MSCI ACWI ex U.S. ETF	$4,358,240.00	8.50%	0.32%
VEU	Vanguard FTSE All-World ex-US Index Fund	$35,581,500.00	8.82%	0.08%
DWM	WisdomTree International Equity Fund	$633,463.00	9.03%	0.48%
DTH	WisdomTree International High Dividend Fund	$187,655.00	8.05%	0.58%
PXF	Invesco FTSE RAFI Developed Markets ex-U.S. ETF	$1,203,120.00	14.29%	0.45%

그림 10-5 **VTMGX 및 해당 ETF**

EFA iShares MSCI EAFE ETF

Price: $78.52 ↓
Change: $1.66 (2.07%)
Category: Foreign Large Cap Equities
Last Updated: Jun 18, 2021

EFA Stock Profile & Price
Dividend & Valuation
Expenses Ratio & Fees
Holdings
Fund Flows
Charts
ESG
Performance
Technicals
Realtime Rating
Fact Sheet
Read Next
More at ETFTrends.com
Disclosures

Vitals

Issuer	Blackrock Financial Management
Brand	iShares
Structure	ETF
Expense Ratio	0.32%
ETF Home Page	Home page
Inception	Aug 14, 2001
Tax Form	1099
Index Tracked	MSCI EAFE

Investment Themes

Category	Foreign Large Cap Equities
Asset Class	Equity
Asset Class Size	Large-Cap
Asset Class Style	Blend
Region (General)	Developed Markets
Region (Specific)	EAFE

Analyst Report

This ETF offers exposure to the major developed markets outside of North America, including Western Europe, Japan, and Australia. As such, EFA is a cornerstone of many long-term portfolios, delivering access to an asset class that provides valuable geographic diversification to equity allocations. It should be noted that this fund is tilted heavily towards large cap stocks; the small cap focused SCZ can be an excellent complement to the mega caps in this fund to provide more balanced exposure. EFA offers unrivaled liquidity, but there are several alternatives that may be more appealing to certain investors. Rydex offers an equal-weighted EAFE ETF (EWEF), while PowerShares offers a RAFI-weighted option. But the biggest competition may be from Vanguard's VEA, which replicates the exact same index at a lower expense ratio and generally lower tracking error. That's a tough offer to beat, unless you have access to this ETF commission free or value liquidity (and related option liquidity) above all else. It's not surprising that EFA features much higher turnover, indicating a preference among more active traders.

● 혼합 전략도 유용하다

이제는 다 알고 있겠지만 앞에서 찾아본 전략을 포함하여 어떤 전략이든 100퍼센트 통하는 방법은 없다는 것을 알고 투자에 임해야 한다. 전략이 잘 통할 때도 있지만 몇 년간 공부한 것과 정반대의 결과를 낼 수도 있다. 이런 점을 방지하기 위해서 몇 가지 전략을 동시에 실행하는 것도 하나의 방법이 될 수 있다.

동적 자산 배분●인 가속 듀얼 모멘텀을 포함하기는 했지만 이 책은 전반적으로 정적 자산 배분 전략에 무게를 실었고, '분산'과 '상관관계'가 모든 전략을 관통한다. 정적 자산 배분은 상관관계가 낮은 자산군으로 구성하는 것이 기본인데 하락 구간에서 보완할 수 있는 구조를 갖추어야만 지속적으로 우상향하는 실적까지 기대할 수 있기 때문이다.

전략 여러 개를 동시에 적용하더라도 룰은 변하지 않는다. 전략 간의 상관계수가 낮을수록 투자에 유리하다는 점을 투자에 활용해야한다. 상관계수가 높은 전략 2가지로 투자하는 것은 전략 1가지에 투자하는 것과 다를 바 없다. 오를 때 같이 오르고, 떨어질 때 같이 떨어지므로 양쪽에 도움이 되지 않는다. 앞에서 본 전략의 상관관계를 통해 어떤 구성이 적합할지 표 10-6을 통해 살펴보자.

● **동적 자산 배분**: 전술적 자산 배분Tactical Asset Allocation이라고도 부른다. 정적 자산 배분과 반대되어 시장의 변화에 맞추어서 자산의 비중을 조절하는 것을 의미한다.

⊟ 표 10-6 전략 간 상관계수 2007~2020.08.

	가속 듀얼 모멘텀(ADM)	올웨더 포트폴리오	영구 포트폴리오	글로벌 주식 모멘텀(GEM)
가속 듀얼 모멘텀(ADM)	1	0.40	0.36	0.55
올웨더 포트폴리오	**0.40**	1	0.91	0.34
영구 포트폴리오	**0.36**	0.91	1	0.32
글로벌 주식 모멘텀(GEM)	0.55	**0.34**	**0.32**	1

가속 듀얼 모멘텀과 올웨더 포트폴리오의 상관계수는 0.40이다. 계수가 낮을수록 투자에 유리하므로 2가지를 같이 운용한다면 적절한 선택일 수 있다. 가속 듀얼 모멘텀(ADM)과 영구 포트폴리오의 상관계수는 0.36인데 이 역시 서로를 보완할 수 있는 구성이다.

반면 올웨더 포트폴리오와 영구 포트폴리오를 동시에 운용하는 것은 옳지 않다. 상관계수가 1에 가까울수록 포트폴리오 1가지로 운용하는 것과 마찬가지이므로 바른 조합이 아니다.

만약 증여 금액 2000만 원으로 2가지 전략에 투자한다면 정적 자산 배분과 동적 자산 배분의 비율은 투자자의 성향에 따라 달라질 것이다. 안정적인 전략을 고수한다면 정적 자산 배분의 비율을 높이고, 모험을 감행하는 성향이라면 동적 자산 배분의 비율을 높인다.

2개 이상의 전략을 운용하려면 표에서 살펴봤듯이 상관계수를 확인하고 상관계수가 낮은 전략들을 조합해볼 것을 추천한다. 부족한 부분을 서로 보충하면서 높은 수익률을 이룰 것이기 때문이다.

상관계수를 구하려면 수익률 데이터가 필요하다. 수익률 데이터가 확보되었다면 엑셀에서 함수식을 이용하여 구한다. 상관계수를 구하는 법은 부록 2에 수록했다.

● 나를 위한 투자, 연금저축펀드

추가로 아이를 위한 투자가 아닌 부모를 위한 투자를 알아보고자 한다. 만약 직장인이라면 매년 연말정산을 할 텐데 연말정산 소득공제를 받을 수 있는 연금저축펀드(증권사)˙에 가입하여 전략을 운용해 보는 것을 제안한다. 노후 걱정에서 벗어날 수 있을 것이다.

연금저축펀드는 매년 저축액 400만 원(또는 300만 원)까지 소득에 따라 최대 16.5퍼센트를 공제받을 수 있다(총급여 5,500만 원 이하 기준). 400만 원을 초과한 금액에 대해서는 혜택이 없다. 표 10-7에서 확인할 수 있듯이 연봉에 따라 공제한도와 공제비율이 다르게 적용되기는 하지만, 꽤나 쏠쏠한 금액이다. 여기에 각각의 투자 전략에서 수익이 덤으로 발생한다.

연금저축'펀드'이지만 ETF에도 투자할 수 있다. 앞서 함께 공부한 전략들은 일반 계좌에서도 매수할 수 있고, 연금저축펀드에서도 매수할 수 있는 종목이다. 일반 계좌에서 ETF에 투자하여 수익이 나면

● **연금저축펀드**: 노후 준비를 위해서 개인이 가입하는 연금 상품이다. 운용기관에 따라서 연금저축신탁(은행), 연금저축보험(보험사), 연금저축펀드(증권사)로 분류할 수 있다. 이 책에서 소개한 것은 연금저축펀드인데, 이름이 펀드로 되어 있지만 ETF 투자도 가능해서 운용하기 편리하다.

표 10-7 연금 저축펀드 절세효과

종합소득금액(총급여액)	공제한도	공제비율
4000만 원 이하(5500만 원 이하)	400만 원	16.5%
1억 이하(1억 2000만 원 이하)	400만 원	13.2%
1억 초과(1억 2000만 원 초과)	300만 원	13.2%

15.4퍼센트를 과세하지만 연금저축펀드에서 수익이 나면 당장 세금이 부과되지 않는다. 나중에 연금을 수령할 때 3.3~5.5퍼센트의 연금소득세를 낸다.

이런 혜택을 받을 수 있는 대신 5년 이상 가입을 유지해야 하고 55세 이후에 연금 수령이 가능하다. 중도해지하면 연말정산에서 공제받은 16.5퍼센트의 세금을 돌려줘야 한다. 한국형 올웨더 전략을 연금저축펀드 계좌에서 실행하면 세금 혜택 15퍼센트에 연평균수익률 9퍼센트가 더해져 투자 첫해에는 24퍼센트의 수익을 기대할 수 있다. 세금은 확정수익이지만 연평균수익률은 예시와 달라질 수 있으니 이 부분은 참고만 해 두면 좋겠다.

가령 30세부터 55세까지 매년 400만 원씩 기대수익률 9퍼센트로 운용하면 납입 금액은 1억 원이고, 총금액은 4억 5000만 원이다. 일반 계좌로 운용하는 것과 9000만 원이 차이난다. 4억 5000만 원을 연간 9퍼센트의 수익으로 계속 투자한다면 매년 4050만 원의 수익이 발생한다. 이론적으로 월 338만 원을 사용하더라도 원금 4억 5000만 원은 그대로 남는다. 연간 발생한 수익만을 사용할 것이기 때문이다.

실제로 수익이나 여러 변동성에 영향을 받기 때문에 이론을 따르리란 보장은 할 수 없다. 그래도 소득공제와 투자수익을 동시에 얻을 수 있고, 세금을 은퇴 이후로 미루고, 적은 세율 효과를 누리며 은퇴 자금을 마련하는 데 더없이 좋은 방법이 아닐까 싶다. 아이도, 엄마·아빠도 생활이 여유로울 것이다.

● 막간을 이용한 동적 자산 배분

6040전략과 올웨더 포트폴리오는 정적 자산 배분이다. 자산을 배분하고 일정 기간 후 리밸런싱해 주면 그 이상은 신경 쓸 게 없다.

그러나 가속 듀얼 모멘텀은 S&P500지수와 글로벌 소형주를 비교해서 수익률이 높은 쪽에 투자하고 두 자산군 모두 실적이 좋지 않을 때는 장기 국채에 투자한다. 이때 비중을 조절하거나 종목을 변경하는 시점은 정해두지 않고 일정한 조건이 됐을 때 실행한다.

이렇게 조건(시그널)에 따라서 자산을 이동시키고 비중을 조절하는 것을 동적 자산 배분이라고 한다. 여러 가지 동적 자산 배분 방법이 존재하지만 지금 소개하는 전략은 바우터 켈러Wouter J. Keller 교수의 LAALethargic Asset Allocation 전략이다.

LAA전략은 특정 시그널(GT Timing)에 따라서 위험선호일 때와 안전선호일 때를 파악하고 자산의 일부를 변경한다. 위험선호일 때는 나스닥, 러셀1000밸류*, 금, 미국 10년 중기 국채에 각 25퍼센트씩을 골고루 투자하다가 안전선호로 시그널이 바뀌면 나스닥 ETF에 있는 자산을 미국 단기 국채(SHY)로 움직이는 것이다.

여기서 내가 주목한 것은 시그널이다. 시그널 즉, GTT_{GT Timing, Growth-Trend Timing}는 실업률과 S&P500지수로 이루어진다. 실업률이 12개월 이동평균보다 높고, S&P500지수가 10개월 이동평균보다 낮은 시점에는 안전자산에 투자하고, 나머지 영역에서는 위험자산에 투자한다. 이 시그널의 강력한 하락 방어 특징을 살펴보자.

표 10-8은 GTT를 활용하여 S&P500지수와 IEF(미국 10년 국채)에 투자한 결과를 나타내었다. 1949년부터 2019년까지 무려 70년간 누적된 결과이다. 앞서 소개했던 6040전략은 연환산수익률 9.5퍼센트에 MDD -29.5퍼센트라는 결과를 나타냈다. 70년간 경기의 많은 하락 국면을 거치면서도 10퍼센트에 가까운 연환산수익률과 -30퍼센트 수준의 MDD로 방어했다는 것이 좋은 전략임을 입증해 준다.

표 10-8 | GT Timing 신호에 따른 전략 투자 결과 1949.02.~2019.10.

	연환산수익률 (CAGR)	최대낙폭 (MDD)
6040전략(정적 자산 배분)	9.5%	-29.5%
SPY(S&P500) ➡ IEF(미국 10년 국채) 변경 전략	13.2%	-29.4%
SPY+IEF(50%+50%) ➡ IEF(100%) 변경 전략	9.8%	-14.1%

● **러셀1000밸류**: 다우지수, S&P500지수와 같이 시장의 흐름을 보여주는 러셀지수가 있다. 그중 1000대 기업을 선정한 것이 러셀1000이며, 가치주에 투자한 것이 러셀1000밸류이다.

GTT를 활용하는 또 다른 전략으로 위험선호일 때 S&P500지수에 100퍼센트 투자하고, 안전선호일 때는 미국 10년 국채에 100퍼센트 투자하는 방법이 있다. 수익은 13.2퍼센트로 껑충 뛰면서 MDD는 하락 없이 유지할 수 있다.

S&P500지수와 미국 10년 국채에 각각 50퍼센트씩 투자하다가 안전선호일 때 미국 10년 국채에 100퍼센트 투자하면 연환산수익률 9.8퍼센트와, MDD -14.1퍼센트의 아주 양호한 결과를 얻을 수 있었다. 이 방법도 앞서 소개한 3가지 전략과 더불어 고려해 볼 만큼 좋은 전략이다. 하지만 지속적으로 신호를 추적해야 하고 그 신호에 맞추어서 높은 비율의 자산을 매수·매도해야 하는 불편함이 따른다.

이 책에 소개된 전략 외에 따로 공부하다가 좋은 전략을 찾는다면 여기에서 소개한 GT Timing을 적용해 보는 것도 나쁘지 않을 것이다. 아이의 계좌로 투자를 시작할 때에는 앞서 소개한 전략들 중 하나를 선택하는 편이 시간이나 비용 면에서 효율적일 것이다. 계속 공부하며 전략을 다듬고 바꾸어 나가는 것도 좋은 방법이라고 생각한다. 그렇게 자신만의 전략을 짤 수 있다면 부를 축적하는 미래가 가까이 다가올 것이다.

확실하게 당첨되는
복권을 긁자!

나도, 선배도, 후배도 마찬가지다.

이 세상에서, 특히 대한민국 부모로 사는 이들은 나와 다른 듯하지만 모두 같은 고민을 안고 있다. '내 아이를 어떻게 기를 것인가. 아니, 어떻게 하면 아이가 조금 덜 고생하면서도 당당하게 자신의 길을 개척할 수 있도록 도와줄 수 있을까.' 하는 고민 말이다. 마음은 굴뚝같지만, 아이의 미래를 위한 금전적인 준비를 어떤 방법으로 시작해야 할지 모르는 사람들이 많을 것 같았다. 나 역시 그 고민에서 출발했으니 말이다. 누구에게나 부담스럽지 않은 단순하고 간단한 실행방법을 찾기 위해 고민했다. 액수가 크든, 적든 시작은 빠를수록 좋다는 생각뿐이었다.

계속 강조했던 말이지만 이 책을 통해 내가 제시한 방법만이 정답이라고 생각하지는 않는다. 세상에는 무수히 많은 투자 전략이 존재하고, 지금 시간에도 현명한 이들이 더 나은 수익률을 위해 고민하고 있을 것이기 때문이다. 그러나 이 전략들을 활용하여 일단 적은 돈으로 물꼬를 터놓는다면 아이가 자라는 시간만큼 자산도 착실히 쌓일 것임을 확신한다. 마음은 늘 앞섰지만 어떻게 시작해야 할지 막막했던 아빠들에게 이 책이 하나의 시작점이 되길 바란다.

아이를 위한 준비만이 아니라 나의 노후까지 생각해야 하는 어려운 현실이다. 적은 금액으로 부담없이 시작하길 바라는 마음에서 안정적인 전략을 최우선으로 정했다.

출간 얘기가 진행되고 본격적으로 집필에 들어가기 전에 유례없는 팬데믹이 전 세계를 덮쳤다. 우리 모두를 공포에 떨게 했다. 국가 간 교류는 막혔고, 사람들의 왕래를 극도로 제한하는 일까지 벌어졌다. 내가 일하는 곳은 비행기가 많이 지나다니는 길목에 있는데 코로나19 발생 이후에는 비행기를 거의 찾아볼 수가 없었다.

팬데믹은 자산시장, 특히 주식시장에 큰 영향을 미쳤다. 미국 주가뿐만 아니라 각국 시장의 주가가 -30퍼센트 이상 하락했다. 주식시장의 시가총액 가중 평균이 -30퍼센트 하락이니, 개인이 보유한 주식은 훨씬 더 많이 떨어졌을 것이다.

하지만 여기서 소개한 올웨더 포트폴리오 전략은 굳건히 방어를 잘 해냈다. 이러한 대혼란 속에서도 연간으로 마이너스 수익이 나지 않는 놀라운 성과를 올렸다.

앞으로 자녀의 계좌를 운용하는 긴 세월 동안 이러한 위험 구간은 언제라도 다시 발생할 것이다. 하지만 이번에 잘 방어했듯이 앞으로도 큰 문제는 없을 것이다. 여기에서 소개한 전략들은 자녀 계좌뿐만 아니라 엄마·아빠의 계좌에서 운용해도 좋을 전략이다. 특히 직장인 부모라면 연말정산에서 이득을 얻을 수 있는 연금저축펀드를 꼭 가입하길 바란다. 연금저축펀드에서 올웨더 포트폴리오를 운용한다면 더할 나위 없이 좋겠다.

나는 전략을 선택할 때 핵심 중 하나로 단순함을 추구했다. 출퇴근 버스, 지하철에서 마주하게 되는 엄마·아빠의 모습을 보면서 반드시 그래야만 한다고 생각했다. 바쁘고 힘든 생활전선도 모자라 또 시간을 내어 복잡하고 이해하기 어려운 전략을 실행하는 것은 한두 번 가능할지는 몰라도 계속 유지하는 것은 불가능하기 때문이다.

6040전략과 리스크 패리티 전략은 이미 하나의 상품(ETF)으로 출시되어 있다. 전략을 수행하기 위한 시간을 내기 힘든 부모들은 유용하게 활용할 수 있을 것이다. 빨리 시작하는 것이 중요하다. 몇 번을 강조해도 지나치지 않다.

　지금 당장 시작하자.

　투자는 확실히 당첨되는 복권을 사는 것과 같다. 시간이 만들어줄 나와 아이의 밝은 미래를 상상해 보자. 내가 제시한 방법이 가정의 행복에 도움이 되었으면 하는 바람이다.

　세상의 모든 엄마·아빠, 파이팅!

부록 1 포트폴리오 비주얼라이저 간단 사용법

- 가입하기
- 미국 주식/ETF/펀드 개별 실적 확인하기
- 구성한 포트폴리오 백테스트하기
- 내가 가진 한국 주식/ETF 데이터 업로드하기

1. 가입하기 www.portfoliovisualizer.com

1) 가입하기: Sign Up

2) 양식 작성

3) E-mail에서 확인

2. 미국 주식/ETF/펀드 개별 실적 확인하기

포트폴리오 비주얼라이저는 기본적으로 미국의 주식과 ETF, 펀드 데이터를 제공한다. 그래서 각 종목을 대표하는 티커Ticker를 알면 쉽게 개별 주식의 실적을 확인할 수 있다. 야후 파이낸스나 증권사 HTS 등에서도 기본적인 사항을 확인할 수 있지만 연환산수익률 CAGR, 최대낙폭MDD, 샤프지수Sharpe Ratio 까지 한 번에 볼 수 있어 훨씬 편리하다.

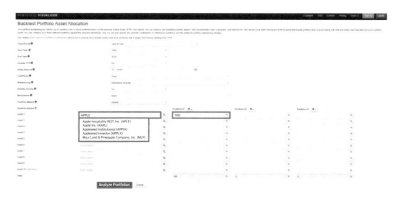

▲ 개별 주식/ETF 백테스트 포트폴리오

① Backtest Portfolio → Asset1 : '관심 주식/ETF/펀드의 이름' 또는 '티커' 입력

② Portfolio #1 : '100'% 입력

③ Analyze Portfolios 클릭

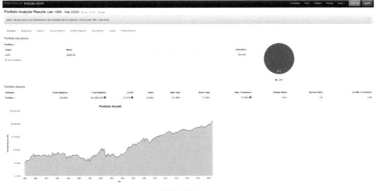

▲ 애플 실적 1986-2020

애플을 예시로 테스트한 결과이다. 연환산수익률CAGR 23.41퍼센트로 높은 수익률이다. 기타 낙폭Draw Down이나 연간/월간 수익률도 참고할 수 있다.

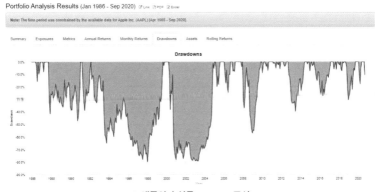

▲ 애플의 손실률 Draw Down 표시

3. 구성한 포트폴리오 백테스트 하기

ETF 확인 방법과 크게 다르지 않다. 여러 개의 ETF를 넣고 전체 구성 비율의 합을 100퍼센트로 맞춘다. 기본적으로 세 가지 포트폴리오를 테스트할 수 있다.

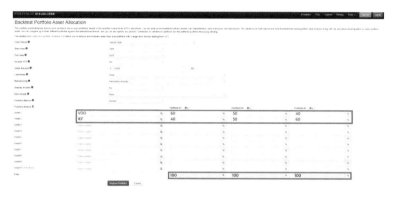

▲ 주식/채권 비율 포트폴리오 구성

주식과 채권의 비율이 6:4, 5:5, 4:6인 포트폴리오 세 가지를 한 번에 테스트해 보자. 'Asset'에 미국 주식인 'VOO'와 중기채권인 'IEF'를 입력하고 'Portfolio #1, #2, #3'에는 구성비인 60:40, 50:50, 40:60을 입력하여 각 포트폴리오의 전체 구성비가 각각 100퍼센트가 되도록 맞춘다.

그러면 아래와 같이 각 포트폴리오의 실적들을 비교해 볼 수 있다. 각각의 월별/연별 실적까지 엑셀로 다운받을 수 있다.

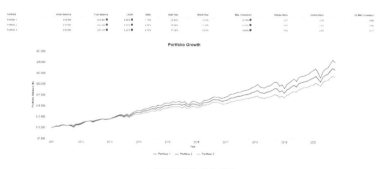

▲ 포트폴리오 실적 결과

4. 내가 가진 한국 주식/ETF 데이터 업로드하기

포트폴리오 비주얼라이저는 개인의 데이터를 업로드하여 포트폴리오 백테스트에 활용할 수도 있다. 국내 상장 ETF나 국내 주식시장의 데이터로도 백테스트가 가능하다. 미국 주식/ETF/펀드는 기본으로 제공하므로 국내 투자 데이터를 주로 업로드한다. 증권사에서 해당 자료를 찾을 수 있다.

1) 증권사에서 데이터 가져오기(예: 삼성증권)

▲ 증권사에서 데이터 가져오기

예를 들어 KODEX200에 대한 자료가 필요하다면 차트에서 오른쪽 마우스 항목의 '데이터 시뮬레이션'을 선택한다.

▲ 엑셀저장 클릭

'엑셀저장' 클릭하여 데이터를 저장한다.

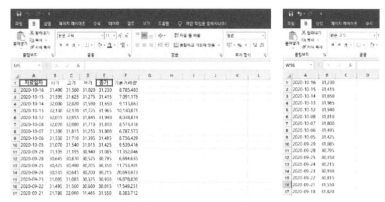

▲ 증권사에서 다운로드 받은 데이터 및 데이터 정리

자료일자와 종가만 남기고 전체를 지운다.

2) 데이터를 포트폴리오 비주얼라이저에 업로드하기

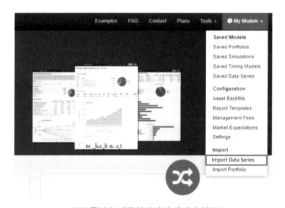

▲ 포트폴리오 비주얼라이저 데이터 업로드

① 로그인 → My models → Import → import Data Series

▲ 포트폴리오 비주얼라이저에서 데이터 선택 및 이름 선정

· **Data File**: 앞서 저장해 놓은 'KODEX200' 엑셀파일 선택

· **Import File**: 'Single Series' 선택

· **Series Type**: 'Daily Index Values' 선택(일별 데이터/월별 데이터 가능, 값/수익률 가능)

· **Series Name**: 이름을 입력

· **Assigned Ticker**: 티커Ticker 이름을 입력

② 'Import Data Series' 클릭

▲ 데이터 업로드 확인

③ "Data Series 'Series Name' imported" 메시지 확인

④ 'Name지정한 이름', 'Ticker티커', 'Period데이터 기간', 'Type데이터 유형' 확인

⑤ 'Save Changes' 클릭

▲ 백테스트에 업로드한 데이터 사용

⑥ Backtest Portfolio → Asset1 돋보기 모양 클릭 → Type → Imported Assets
＞Benchmark에 표시 → 'Select' 클릭

3) 백테스트 결과를 포트폴리오에 사용하기

▲ 백테스트에서 업로드 데이터 선택

Asset1 → KODEX200 선택 → 100% → Analyze Portfolios 클릭

4) 실적 확인

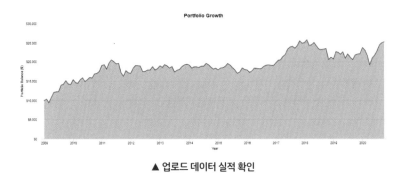

▲ 업로드 데이터 실적 확인

기존에 있던 미국 주식/ETF/펀드처럼 활용할 수 있다. 미국 자산과 함께 포트폴리오를 구성하여 성과를 확인할 수도 있다.

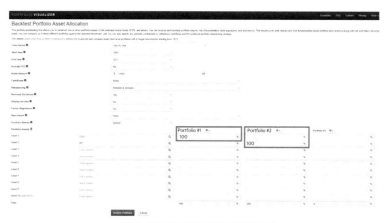

부록 2 상관계수 구하기

자산을 배분할 때 각 자산 간의 상관계수가 낮은 자산군을 선택하는 것은 자산의 상호보완적인 측면에서 중요하다. 또 여러 전략을 혼합하여 사용할 때도 각 전략들 간의 상관계수가 낮아야 변동성을 낮출 수 있다. 포트폴리오 비주얼라이저와 엑셀을 활용하여 손쉽게 상관계수를 구할 수 있는 방법을 알아보자.

1. 자산군 간의 상관계수 구하기:
미국 주식(VOO)과 미국 10년 국채(IEF)의 상관계수

1) 포트폴리오 비주얼라이저에서 상관계수 구하기
포트폴리오 비주얼라이저에 접속하여 부록 1의 '미국 주식/ETF/펀드 개별 실적 확인하기' 방법을 활용한다.

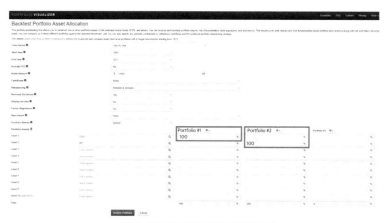

▲ VOO, IEF 포트폴리오 비주얼라이저 입력

① 'Portfolio #1': VOO 100% 입력
② 'Portfolio #2': IEF 100% 입력
③ 'Analyze Portfolios' 클릭

▲ 'Asset'탭의 상관계수 확인하기

VOO와 IEF 각각 100%를 입력하고 얻은 결과 페이지에서 'Assets'탭으로 이동한다. 'Monthly Correlations' 항목에서 상관계수를 확인할 수 있다. VOO와 IEF의 상관계수는 -0.39이다.

2) 엑셀 함수로 상관계수 구하기

이번에는 포트폴리오 비주얼라이저의 월별 수익률 결과를 가지고 엑셀을 활용하여 상관계수를 산출해 보자.

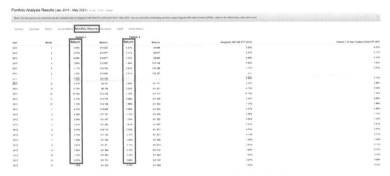

▲ 'Monthly Returns'탭에서 포트폴리오 수익률 확인하기

'Monthly Returns 탭'으로 이동하면 'Portfolio 1(VOO 100%)'과 'Portfolio 2(IEF 100%)'의 월별 수익률을 확인 할 수 있다. 마우스로 화면을 선택하여 엑셀로 복사한다.

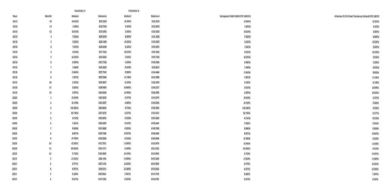

▲ 포트폴리오 수익률을 마우스로 선택하기

마우스로 전체 영역을 선택하여 복사하고 엑셀에 붙인다.

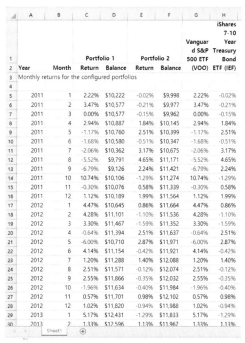

	A	B	C	D	E	F	G	H
1			Portfolio 1		Portfolio 2		Vanguard S&P 500 ETF	iShares 7-10 Year Treasury Bond
2	Year	Month	Return	Balance	Return	Balance	(VOO)	ETF (IEF)
3	Monthly returns for the configured portfolios							
4								
5	2011	1	2.22%	$10,222	-0.02%	$9,998	2.22%	-0.02%
6	2011	2	3.47%	$10,577	-0.21%	$9,977	3.47%	-0.21%
7	2011	3	0.00%	$10,577	-0.15%	$9,962	0.00%	-0.15%
8	2011	4	2.94%	$10,887	1.84%	$10,145	2.94%	1.84%
9	2011	5	-1.17%	$10,760	2.51%	$10,399	-1.17%	2.51%
10	2011	6	-1.68%	$10,580	-0.51%	$10,347	-1.68%	-0.51%
11	2011	7	-2.06%	$10,362	3.17%	$10,675	-2.06%	3.17%
12	2011	8	-5.52%	$9,791	4.65%	$11,171	-5.52%	4.65%
13	2011	9	-6.79%	$9,126	2.24%	$11,421	-6.79%	2.24%
14	2011	10	10.74%	$10,106	-1.29%	$11,274	10.74%	-1.29%
15	2011	11	-0.30%	$10,076	0.58%	$11,339	-0.30%	0.58%
16	2011	12	1.12%	$10,189	1.99%	$11,564	1.12%	1.99%
17	2012	1	4.47%	$10,645	0.86%	$11,664	4.47%	0.86%
18	2012	2	4.28%	$11,101	-1.10%	$11,536	4.28%	-1.10%
19	2012	3	3.30%	$11,467	-1.59%	$11,352	3.30%	-1.59%
20	2012	4	-0.64%	$11,394	2.51%	$11,637	-0.64%	2.51%
21	2012	5	-6.00%	$10,710	2.87%	$11,971	-6.00%	2.87%
22	2012	6	4.14%	$11,154	-0.42%	$11,921	4.14%	-0.42%
23	2012	7	1.20%	$11,288	1.40%	$12,088	1.20%	1.40%
24	2012	8	2.51%	$11,571	-0.12%	$12,074	2.51%	-0.12%
25	2012	9	2.55%	$11,866	-0.35%	$12,032	2.55%	-0.35%
26	2012	10	-1.96%	$11,634	-0.40%	$11,984	-1.96%	-0.40%
27	2012	11	0.57%	$11,701	0.98%	$12,102	0.57%	0.98%
28	2012	12	1.02%	$11,820	-0.94%	$11,988	1.02%	-0.94%
29	2013	1	5.17%	$12,431	-1.29%	$11,833	5.17%	-1.29%
30	2013	2	1.33%	$12,596	1.13%	$11,967	1.33%	1.13%

Sheet1

▲ 선택한 포트폴리오 수익률을 엑셀에 붙여 넣기

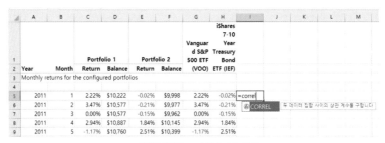

▲ 엑셀에서 Correl 함수 사용하기

엑셀에서 'Correl 함수'를 사용하여 붙여 넣은 포트폴리오 1과 포트폴리오 2 데이터의 상
관계수를 확인할 수 있다.

함수식은 =Correl(포트폴리오 1의 'Return'열의 시작 C5에서 열 끝의 C129 데이터까지
선택, 포트폴리오 2 'Return 칼럼'열의 시작 E5에서 열 끝의 E129 데이터까지 선택)형태
로 입력한다.

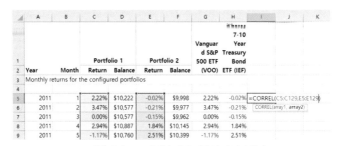

▲ 엑셀에서 Correl 함수에 수익률 칼럼 입력하기

그림처럼 Correl 함수를 선택하고 필요한 열의 데이터를 지정한다.

	A	B	C	D	E	F	G	H	I
1			Portfolio 1		Portfolio 2		Vanguard S&P 500 ETF (VOO)	iShares 7-10 Year Treasury Bond ETF (IEF)	
2	Year	Month	Return	Balance	Return	Balance			
3	Monthly returns for the configured portfolios								
4									
5	2011	1	2.22%	$10,222	-0.02%	$9,998	2.22%	-0.02%	-0.39208
6	2011	2	3.47%	$10,577	-0.21%	$9,977	3.47%	-0.21%	
7	2011	3	0.00%	$10,577	-0.15%	$9,962	0.00%	-0.15%	
8	2011	4	2.94%	$10,887	1.84%	$10,145	2.94%	1.84%	
9	2011	5	-1.17%	$10,760	2.51%	$10,399	-1.17%	2.51%	

▲ 엑셀에서 Correl 함수로 상관계수 계산하기

그림의 결과와 앞서 포트폴리오 비주얼라이저 'Assets'탭에서 확인한 상관계수와 비교했을 때 각각 -0.39, -0.39208로 동일한 것을 알 수 있다.

2. 전략 간의 상관계수 계산하기

상관계수가 낮은 전략을 같이 운용하면, 상관계수가 낮은 자산군들로 구성된 포트폴리오
의 장점인 낮은 변동성의 혜택을 똑같이 누릴 수 있다. 포트폴리오 비주얼라이저에서 제
공하는 전략들을 통해 간단하게 확인해 보자.

만약 확인하고 싶은 전략 간의 상관계수가 있다면, 앞서 1. 자산군 간의 상관계수 구하기
에서 엑셀로 계산한 방법을 동일하게 적용한다.

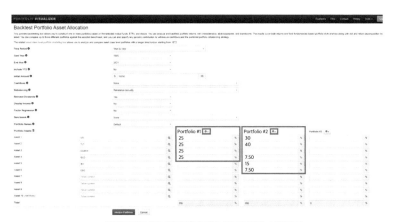

▲ 포트폴리오 비주얼라이저 제공 포트폴리오 선택하기

기어 모양의 버튼을 클릭하면 포트폴리오 비주얼라이저가 기본 제공하는 전략들 중 하나
를 선택할 수 있다. 이번에는 해리 브라운의 영구포트폴리오Permanent Portfolio와 레이 달리
오의 올시즌스 포트폴리오All Seasons Portfolio를 활용하기로 했다.

'Monthly Returns'탭에서 수익률을 복사하여 엑셀로 옮기고 Correl 함수를 이용해 계산
하는 것은 앞서 엑셀을 활용하는 방법과 동일하다.

							iShares			iShares	Invesco	
						Vanguar d Total Stock Market	20+ Year Treasury Bond ETF	Cash	SPDR Gold Shares	7-10 Year Treasury Bond	DB Commod ity Tracking	
Year	Month	Portfolio 1 Return	Balance	Portfolio 2 Return	Balance	ETF (VTI)	(TLT)	(CASHX)	(GLD)	ETF (IEF)	(DBC)	
Monthly returns for the configured portfolios												
2007	1	0.96%	$10,096	0.11%	$10,011	1.86%	-1.00%	0.41%	2.56%	-0.40%	-2.40%	0.908752
2007	2	1.17%	$10,214	1.72%	$10,183	-1.62%	3.39%	0.42%	2.55%	2.06%	5.09%	
2007	3	-0.33%	$10,180	-0.41%	$10,142	1.12%	-1.70%	0.42%	-1.11%	-0.14%	0.67%	
2007	4	1.85%	$10,369	1.87%	$10,331	4.02%	0.90%	0.41%	2.05%	0.61%	0.75%	
2007	5	-0.11%	$10,357	-0.17%	$10,314	3.72%	-2.31%	0.40%	-2.31%	-1.39%	-0.23%	

▲ 엑셀에서 전략 간 상관계수 계산하기

영구 포트폴리오와 올시즌스 포트폴리오의 상관계수는 0.908 수준으로 굉장히 높은 편이다. 그러면 2개의 포트폴리오를 같이 운용하는 것은 바람직한 선택이 아니다. 좀 더 낮은 상관계수를 갖는 전략을 찾아서 운용하는 것이 변동성을 낮추는 방법이다.

이렇게 자산 간 상관계수와 전략 간 싱관계수를 같이 확인해 보았다. 이제는 자산들이나 전략들의 수익률만 알면 손쉽게 상관관계를 뽑을 수 있을 것이다. 각자 자신만의 포트폴리오를 구성하여 상관계수 뽑는 방법을 연습해 보자.

투자 분야 1위 이레미디어의 스테디셀러

가치투자의 교과서 《증권분석》 핵심 요약판
벤저민 그레이엄의 증권분석

벤저민 그레이엄 지음 | 스티그 브로더슨·프레스턴 피시 편저 | 김인정 옮김 | 368쪽 | 16,500원

《증권분석》의 핵심만 정리하여 원전의 이해를 돕고, 현대 투자자들에게 유용한 투자 전략을 중심으로 제시하고 있다. 벤저민 그레이엄의 투자 철학과 기법 그리고 현대에 맞는 투자 전략을 세우는 데 유용한 지침을 쉽게 파악할 수 있다.

주식시장에서 살아남는
심리투자 법칙

알렉산더 엘더 지음 | 신가을 옮김 | 588쪽 | 27,000원

정신과 의사라는 독특한 이력을 가진 저자가 투자자들의 심리를 꿰뚫어 봄으로써 이를 시장에 적용시켜본 후 개발하게 된 '심리투자'. 새로운 해법을 제시함으로써 이 책의 저자 알렉산더 엘더 박사는 세계적 베스트셀러 작가 반열에 올랐다.

월스트리드 최고 투자 전략가의 매매기법 5단계
윌리엄 오닐의 성공 투자 법칙

윌리엄 오닐 지음 | 김태훈 옮김 | 280쪽 | 17,000원

이 책은 당신이 지금까지 저질렀고, 타당한 규칙과 원칙을 토대로 투자 결정을 내리지 않으면 앞으로 또 다시 저지르게 될 실수들을 미리 파악하도록 도울 것이다. 초보 투자자라면 성공 투자자가 되기 위해 해야 할 일뿐만 아니라 하지 말아야 할 일이 무엇인지도 알아야 한다.

성공하면 크게 얻고 실패해도 손해가 없는 단도투자
투자를 어떻게 할 것인가

모니시 파브라이 지음 | 김인정 옮김 | 267쪽 | 15,000원

워런 버핏과 찰리 멍거의 뒤를 잇는 가치투자의 명인, 모니시 파브라이가 말하는 성공하면 크게 얻고 실패해도 손해가 거의 없는 '단도투자'의 법칙. 위험은 최소화하면서 이익을 최대화하는 방법을 실제로 입증한 인물의 투자 핵심원칙과 아이디어를 따라가 보자.

연평균 수익률 70%, 90%, 그리고 220% 시장을 이기는 마법을 찾아서!
주식시장의 마법사들

잭 슈웨거 지음 | 김인정 옮김 | 456쪽 | 21,000원

월스트리트 최고의 베스트셀러 작가이자 헤지펀드 전문가인 잭 슈웨거는 '시장의 마법사들' 시리즈를 통해 금융시장의 다양한 마법사들을 밀도 있게 소개해 왔다. 성공한 트레이더가 강세장과 약세장을 어떻게 대응하는지 엿볼 수 있다.

경직된 사고를 부수는 '실전 차트 패턴'의 모든 것
차트 패턴

토마스 N. 불코우스키 지음 | 조윤정 옮김 | 420쪽 | 24,000원

세계 최고의 차티스트가 말하는 '똑똑한 돈'의 발자국인 차트 패턴을 분석한다. 저자는 25년 동안 주식을 매매하며 3만 8,500개 이상의 차트를 조사하고 연구했다. 그 패턴을 시뮬레이션하여 엄밀한 과학적 수치로 결과를 제시한다.

실전 수익률 투자대회 총 12회 수상자의
실전투자의 비밀

김형준 지음 | 344쪽 | 22,000원

장세에 흔들리지 않으며 지속적으로 수익을 낼 수 있는 저자만의 독창적인 시장관과 실전 수익률대회 우승에 실제 사용했던 13가지 매매 기법을 자세히 소개했다. 시장 경험이 있는 투자자들 역시 그동안 열망해 왔던 투자의 해법을 찾게 될 것이다.

US매매챔피언십 10회 중 9회 우승
나는 어떻게 2000만 달러를 벌었나

마틴 '버지' 슈워츠 지음 | 이은주 옮김 | 484쪽 | 18,500원

월스트리트의 전설적인 챔피언 데이트레이더가 들려주는 40만 퍼센트 수익률의 비밀! 아마존 밀리언셀러이자 투자의 고전으로 여전히 많은 투자자에게 사랑받고 있는 그의 이야기. 감동은 물론 성공적인 매매에 필요한 마틴만의 비법을 얻을 수 있다.

우리 아이를 위한
부의 **사다리**

초판 1쇄 2021년 9월 5일
초판 2쇄 2022년 1월 10일

지은이 이영빈

펴낸곳 (주)이레미디어

전화 031-908-8516(편집부), 031-919-8511(주문 및 관리) | **팩스** 0303-0515-8907
주소 경기도 파주시 회동길 219, 사무동 4층 401호
홈페이지 www.iremedia.co.kr | **이메일** ireme@iremedia.co.kr
등록 제396-2004-35호

편집 정슬기, 심미정 | **표지** 유어텍스트 | **본문** 타입타이포 | **마케팅** 박주현, 연병선
재무총괄 이종미 | **경영지원** 김지선

ISBN 979-11-91328-27-1   03320

· 가격은 뒤표지에 있습니다.
· 잘못된 책은 구입하신 서점에서 교환해드립니다.
· 이 책은 투자 참고용이며, 투자 손실에 대해서는 법적 책임을 지지 않습니다.

당신의 소중한 원고를 기다립니다. mango@mangou.co.kr